U0632085

校本研修与整校推进的实践与探索

小学数学

主　编◎肖　英　贾素艳

编　委◎杨慧兰　邵　钦　永　飞　杨秋云

　　　　谢利利　马　洁　刘文静　张缅科

　　　　王　颖　孙雅娟

北京师范大学出版集团
BEIJING NORMAL UNIVERSITY PUBLISHING GROUP
北京师范大学出版社

图书在版编目(CIP)数据

校本研修与整校推进的实践与探索. 小学数学 / 肖英, 贾素艳
主编. —北京: 北京师范大学出版社, 2016.3
(教师专业成长丛书)
ISBN 978-7-303-20031-3

Ⅰ. ①校… Ⅱ. ①肖… ②贾… Ⅲ. ①小学数学课-教学
研究 Ⅳ. ①G623

中国版本图书馆 CIP 数据核字(2016)第 016588 号

XIAOBEN YANXIU YU ZHENGXIAO TUIJIN DE SHIJIAN
YU TANSUO XIAOXUE SHUXUE

出版发行: 北京师范大学出版社　www.bnupg.com
　　　　　北京市海淀区新街口外大街 19 号
　　　　　邮政编码:100875
印　　刷:三河市兴达印务有限公司
经　　销:全国新华书店
开　　本:730 mm×980 mm　1/16
印　　张:11.5
字　　数:190 千字
版　　次:2016 年 3 月第 1 版
印　　次:2016 年 3 月第 1 次印刷
定　　价:24.00 元

策划编辑:张漫漫　胡　宇　　　责任编辑:焦继红
美术编辑:王　蕊　　　　　　　装帧设计:高　霞
责任校对:陈　民　　　　　　　责任印制:孙文凯

校长寄语

扎根学科，伙伴研修，催生学校"自发展力"

  2012 年，我校格局调整一新，一校三址，校园着实变大了。面对这样一份大家大业，如何真正丰富"大"的内涵，成就大校之大，成为考验我们每一位"石油人"的现实问题。一所学校最大的财富是拥有一批学问、人品皆佳的教师。因此，学校决心下大力气，锤炼队伍，力求通过提升教师专业素养使大校的教育品质立起来，正所谓"借大力而大立"。

  大力何来？又如何借大力呢？借由认真的思考和真诚的沟通，2012 年初，我们与北京教育学院合作，成为北京市中小学"校本研修与整校推进"培训项目的第一所基地校，分别与北京教育学院的小学语文、小学数学指导教师团队相约每周二、周三下午，开始了以教研组为单位、以课例研究为载体的伙伴式校本研修。期间，教育学院的 9 位指导教师每周进校至少一次（2012 年上半年课例研究期间，几位指导教师每周进校多达三次），深入各自带领的教研组，和老师们一起备课、磨课、观课、议课，浓郁的研修气息就这样在校园里弥漫开来。一场静悄悄的、追求卓越的革命就这样开始了……

一、回首向来路：我们做了什么

  2012 年北京市中小学"校本研修与整校推进"培训项目的主题是：研究"真问题"与"真的"做研究，从而提高学校校本研修实效性，推进学校整体发展。在这个主题引领下，在北京教育学院指导教师的协助下，我校语文、数学两大学科的全体教师一步一个脚印地体验了"主题聚焦，角色明晰，重视过程，交流成果"的校本研修历程。

语文、数学十二个教研组的校本研修同步展开，蔚为壮观。各组的研修风格迥异，但都以"课例研究"为载体展开。经历了一年的深度研究，我们理解的"课例研究"就是聚焦学科教育教学中的"真问题"，以教研组为单位，以教师为主体的"确定问题，基于证据，分析问题，提出对策并实践"的循环研究。

二、低头找幸福：我们收获了什么

回顾一年的研修之旅，我们收获的绝不仅仅是 18 个研究主题、12 节研究课、12 份课例研究报告。在追求卓越的自发展道路上，我们更收获了——

（一）规范的校本研修意识与方法

规范的校本研修强调严谨的调研工具设计、严格的数据统计分析、有预有谋的研究计划制订、如实的研讨记录等。这一系列的规范告诫我们不能只凭经验想当然地做研究。

在指导教师们的陪同与协助下，我们温习并更新了有关语文、数学学科本质和学生研究的专业知识，熟悉了从教材解读、学情调研、教学设计到课堂观察、持续改进、课后反思的研究流程，实践了文献阅读、设计工具、分析数据等规范的研究方法，习得了聚焦主题、重视证据、持续反思、落笔沉淀等研究意识。尤其是对"真问题"，我们有了深刻的体认。二年级语文组长沈宏玲老师说："经历了学情调研贯穿始终的校本研修过程，我们每一个人都惊喜于发现了真问题，感叹于真问题的可贵。我们每一个人都渐渐踏上了一条探索之路，一条教师研修之路，一条提升自己专业发展之路。"

（二）自觉的反思习惯与证据意识

经历了课例研究的磨炼，语文、数学两大学科各教研组的研究气氛更浓了，老师们的研究意识也增强了。大家不再仅仅满足于经验的丰富，而是更自觉地追求经验背后的理论依据，更自觉地随时随地积累"证据"，养成了以"证据"说话的习惯。

语文老师们这样说——我们不再忽视文本解读中的"小"问题，我们敏感地捕捉教学中的"证据"。在课上，我们会让学生将自己的想法第一时间记录下来，而学生的每一次作业与考试也成为了我们分析与思考的有力"证据"，这样的研究会给我们的工作带来烦琐与压力，但是我们乐在其中！

"有个问题问问大家"是数学老师每天早上的"必修课"，"今天上课我这样做的"是每天课后的"讨论题"，教研随时随处可见。我们都提出并讨论了以下这些问题："圆的本质是什么？""有必要让学生尝试各种方法画圆吗？""运动轨迹怎样能让学生体会？""圆的周长真正的难点在哪？""怎么就想到圆周长和直径有关系呢？""圆面积推导的方法学生能自己想到吗？他们会怎么想？""方和圆有着怎样的联系？""化曲为直和以曲代直的区别是什么？"……伴随着这些问题的提出、讨论、学习与实践研究，我们的教学更加丰富了，思考更深入了，也更接近本质了。

行为变化的背后其实是思维方式的彻底转变。也因为这种思维方式的转变，越来越多的老师们深切地感受到研究其实可以无处不在，理论原来如此生动可感。

（三）崭新的管理思路与做事风格

校本研修项目推进过程中，教育学院指导教师团队新颖的管理思路和务实的做事风格给我们留下了深刻的印象，同时也潜移默化地影响并改变着我们。

1. 教师前台站

把舞台给老师，激发老师们的潜能，是项目指导团队秉持的理念。在语文教研组的活动中，每一次的主持与点评均由六位教研组长轮流担当，每一次都有一位老师做好书推荐。最令我们感动的是，从未承担过公开做课任务、年过四十的姚红艳老师勇敢地代表二年级语文组展示了研究课《瀑布》。而数学活动中，在指导团队与学校骨干教师的带领下，一拨年轻的教师们站在了课例研究展示、汇报的前台。

校本研修的培训项目，让我们真切地感受到学校的自发展得力于骨干教师的成长，更扎根于每一位教师的专业自发展。成长须磨炼，体验是财富。在校本研修中，仅仅"拔尖"是不够的，我们更要关注如何"补底"。

2. 组长很关键

一年的校本研修中，我们深切地体会到教研组长有多么重要！组长们不仅仅是上传下达诸多行政事务的"传声筒"，他们更应该是教学研究的专业领导者。我们要努力把教研组长们培养成校长的"教学专业替身"。

一位指导教师跟进一个教研组，"$n+1+1$"的研修共同体中，教研组长责任重大。一年级语文组长宋春艳老师在研修总结中，这样说："一个学期的时间，老师们除了教研，还有很多教育教学方面的事情，工学矛盾很突出。老师们写作水平参差不齐，畏难情绪很普遍，难免会急躁，说泄气的话。作为组长，除了发挥组织协调引领的作用，还要做好组员的思想工作，要及时地给予劝导、鼓励，伸出援手解决。我每天用积极的心态，影响大家，经常给大家打气，关心每个组员在工作生活中遇到的问题和困难，创设轻松的工作氛围，力求让大家认真、愉快地完成各项任务"，"组长的能力有多高，这个组的研修就能走多远"。

经历了一年的磨砺，我校语文、数学十二位组长得到了极好的锻炼，专业领导力正在潜滋暗长。

3. 干部勤在场

伙伴式的校本研修中，大小两个齿轮在同时运转，"润滑"的工作可离不开教学管理干部默默的付出与努力。教学干部是校本研修协调者、疏解者、润滑者、推进者。校本项目结束后，校长收到了来自教育学院两位学科负责人的这样一条短信："肖校，您好！最近我们在整理校本项目绩效考评的各项资料，在很多照片中都发现了您和郭红霞副校长、贾素艳主任的身影。对比我们在另一所学校的经历，不由地感慨——您的在场是多么重要啊！感谢您的倾情支持！"

经历校本研修，让我们知道了心中要有人——尊重每一个教师，为了教师的发展；让我们知道了心中要有事——明晰做事的方法，学会筹划；让我们知道了做事要有心——态度决定一切，用心做事，收获颇丰。

三、潜心自发展：我们还需要什么

刘加霞老师说，校本研修与整校推进项目的宗旨在于提升学校及教师的自发展能力。聚焦"自发展"，展望未来的路，我们还缺什么呢？

（一）"真合作"为基础的教研组文化建设

在此次校本教研中，根据项目组的要求，我们严格执行了角色明晰的任务分工。这样的分工，照顾了教师的特点与专长，也保障了全体教师的集体参与。在研修中，老师在各司其职的同时积极交流互助，体现出强大的团队智慧。但是，如何保持并提升教师之间合作的品质，形成良好的教研组文化，仍需我们进一步的思考与努力。

（二）"真研究"激发专业自觉与专业幸福

研究真问题，真的做研究，真的很辛苦。那么，如何让老师们更加自觉地促进专业成长，追求作为教师的专业幸福呢？我们感觉这只是一个开端，远未结束。然而，正如证严法师所言："只要找到路，就不怕路远！"我们坚信：有人方能成事，有心方能善事！事情是做出来的！新学期，让我们从"心"开始，共同成就学校蓬勃发展之态势！

肖英

北京石油学院附属小学校长

以研究的态度、方法对待教学工作
（代序）

深化与推进课程改革对教师自身的素质提出了更高要求：理解新课程的理念、把握数学的学科本质、深入研究学生、设计并实施有效的课堂教学；教学的过程不仅仅是传递知识更是提升学生思维能力、问题解决能力，形成积极的情感、态度与树立正确的价值观的过程，即教学的过程是"三维教学目标"润物细无声地达成的过程……

教师怎样适应新时代的要求？教师在机遇与挑战面前如何前进……这都需要教师是研究型教师，教师能将研究的态度、研究的方法、研究的精神融入日常教学工作中。北京石油学院附属小学数学组的老师们做到了这一点，他们在以教研组为研究单位的校本研修中将"研究"转化为了常态工作方式。

研究的本质就是不断地追问"为什么"，研究的本质就是能持续地思考一个问题，研究的本质就是在习以为常之处的深思。本书是北京石油学院附属小学数学组教师们的初步研究成果，它或许还很稚嫩，但真实、朴实与诚挚，它是教师们真正思考并实践的结果，是"研究真问题，真的做研究"的体现。

案例研究是本书的重要研究方式，个案研究并不是研究"个别现象"，而是从描述"个案"入手，分析、揭示并研究个案背后存在的共性的问题与原理。案例研究有四个重要因素：主题、细节、真问题、诠释。

本书是北京石油学院附属小学数学组教师们在校本研修中初步尝试"单元教学研究——读懂教学内容、研究学生数学学习历程"的结晶。进行单元教学研究不容易，有人曾经说过：教师的教学能力取决于其对单元长度的把握。一位教师越是能从更高更长的角度把握所教的内容，则他的教学水平就越高。因此教师们尝试着进行单元教学研究并初见成果：对"数"概念、实质上的认识与把握、对几何图形的度量特征——长度、周长的深入理解，从整体上把握小学数学重要概念在不同阶段的不同要求……更为重要的是教师们开始追问教材背后的设计意图与所蕴含的数学思想方法，并开始尝试着研究学生在学习这些内容的过程中所遇到的困难，成功的学习经验，克服困难的勇气，等等。

苏霍姆林斯基说："如果你想让教师的劳动能够给教师带来乐趣，那你就应当引导每一位教师走上从事研究这条幸福的道路上来"，这道出了优秀教师的心声，在研究之路上实现有效教学，在研究之路上实现卓越的教师专业发展，更在研究之路上增强教师的主观幸福感，除了"研究"别无其他捷径。

教学研究之路永远没有尽头，前方永远是迷人诱人的风景，走在这条路上，要永远记住并相信《犟龟》中的名言："只要上路，总会遇到隆重的庆典！"只要走在研究的路上，以研究的方式对待工作与生活，总会收获惊喜与成功！

刘加霞

2015 年 2 月 10 日

目　录

第一章　"圆"妙不可言

——六年级"圆"单元的教学研究①

引　言

圆，是个看似简单，却又很奇妙的图形。自古以来就与人们结下了不解之缘。太阳是圆的，月亮也是圆的，也许，人类对圆的概念最早就是这样产生的。

几何定义说：在平面上，和定点等距离的动点轨迹就叫作圆。定点叫作圆心，定距离称为半径，轨迹就叫作圆周。圆广泛对称、一中同长、各点匀称等重要几何特性，使得日常生活中随处可见圆形的物品，管道是圆的、电线杆是圆的、车轮是圆的、就连各个国家的硬币也是圆的。其至圆已经不仅是一种实际存在的几何形状，而且被引用到很多方面，比如说人们称乖巧伶俐叫圆滑，通达事理叫圆通，说话得体叫圆全。这些丰富的内涵和外延使得"圆"变得妙不可言。

小学阶段学生对"圆"的学习都有哪些意义呢？能否让学生感受到圆"妙不可言"的特点？又如何能给学生一个"妙不可言"的学习历程呢？

思　考

1. 圆是怎样一个图形？什么是圆？

2. 教材中"圆的本质"是如何呈现的？圆的学习都该让学生感受什么？

3. 对于身边熟悉的圆，学生是否"研究"过？

4. 怎样一个活动能承载学生"由直到曲"的认识飞跃？

本章我们就将围绕以上问题分"圆的本质""教学内容分析""学生研究"和"教学实践"四节来进行具体的阐述。

---

① 本研究报告由谢利利、杨秋云执笔。

第一节　什么是圆

一、什么是圆？

几何知识是数学基础知识的重要组成部分。学生生活的世界和接触的事物大都与图形和空间有关，他们常常需要从形状上去认识周围事物，描述这些事物在形状上的特征，并用恰当的方式表述它们之间的关系。对学生来说，图形与空间是帮助他们生存并促进其发展的重要基础，是帮助学生形成创新意识、发展数学思维所必需的养分。圆是小学阶段需要认识的唯一一个曲边图形，它在学生认识平面几何图形中是非常重要的一部分。在认识其结构和度量特征的过程中，学生将从有限的世界踏入无限的世界中，无疑这将是一次认识上的飞跃。

要学习圆，我们首先要给圆下个定义，什么是圆呢？在平面几何中，圆的定义有多种不同的表达方式，下面列举三种：

定义 1：平面内与一个定点距离等于定长的点的集合叫作圆。

定义 2：在平面内，以一固定点为中心，离该中心点一定距离处有一动点，绕着中心点保持等距离运动所形成的图形叫作圆。

定义 3：在平面内，线段 OA 绕着它的端点 O 旋转一周，它的另一端点 A 所经过的封闭曲线叫作圆。

从上述圆的定义中我们可以知道，圆的本质属性主要有缺一不可的以下两条：第一条，圆是平面内的一条封闭曲线。也就是说，圆是一条封闭曲线，这条曲线上的所有点都在同一个平面内。第二条，都突出圆的重要元素：定点和定长。圆这条封闭曲线上的任何一点到一个定点的距离都相等。有了这两条本质属性，就有了圆的概念，进而再有圆的各部分名称。因此，如果只是说"圆有圆心""圆有半径，半径都相等，半径有无数条，半径是直径的一半""圆有直径，直径都相等，直径有无数条，直径是半径的 2 倍""圆是轴对称图形，任何一条直径所在的直线都是它的对称轴"等，这些表述都不是在说圆的本质属性，而是圆的一系列性质。事实上，数学中的许多性质、法则都源于概念。

从定义方式上看，圆的定义属于发生式定义，这样的定义方式突出了这个概念是如何形成的。无论是圆的定义 2 还是定义 3 都十分清晰地描述了圆的形成过程。基于这样的定义方式，我们在教学圆的概念时，要特别重视它的形成过程。具体地说：(1)要让学生安静地观察圆的形成过程。可以是教师画圆，也可以是学生自己画圆。画圆时，不仅用圆规画，还要利用其他物品画，特别是利用绳子，一端用图钉固定于木质黑板上；另一端拴住一支粉笔画圆。(2)要多让学生动手画圆。每个学生都可以用绳子与铅笔等工具画出圆，边画边想，为什么这样能够画出一个圆。还可以让学生想象，如果要在操场上画一个比较大的圆，应该怎样画。也可以让学生徒手画圆，使他们体会怎么画才能画得比较圆，画出后看一看"圆不圆"，哪个地方不圆，为什么这个地方不圆。(3)教师演示时多考虑出示一些"带有动态形成圆的图片"，这样可以更好地突出圆的本质属性。

通过对"什么是圆"这个问题的学习与分析我们找到了圆的本质（一中同长），且找到了认识圆的重要方式（动态形成）。

二、圆周长和面积探索过程中渗透的思想方法

在度量直边图形时，我们经常让学生利用学具进行操作活动，将新图形转化成学过的已知图形，从而找到新旧两个图形之间的对应关系，推导出计算公式，在这个过程中巧妙地渗透了转化的数学思想方法。圆是第一、二学段学习的平面图形中唯一的一个曲边图形，是学生第一次了解 π 这个无理数，是学生第一次正式接触并运用极限的数学思想来解决曲线的长度和圆形的面积等问题，因此对圆的周长以及面积的探索具有一定的挑战性，这个过程的学习有助于学生提高分析问题、解决问题的能力，积累数学活动经验，体会"转化""极限"和"函数"等数学思想。

例如，在圆周长的推导时，我们会用"绕线"或"滚尺"的方法化曲为直，将其转化成直线的测量长度；会向学生介绍刘徽的"割圆术"，让学生感受随着边数越来越多，正多边形越来越像圆，渗透极限思想；在测量圆的周长和直径过程中，感受直径变，圆的大小变，周长也随之变化，而它们的倍数关系不变，从而让学生体会到函数思想。

第二节 "圆"这个独特的图形，教材是如何描述的

【本单元知识内容及其联系】

对于"圆"单元的学习，我们还是要将其置于整个"图形与几何"学习领域

中进行分析和思考(图 1-1):

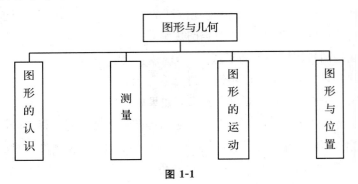

图 1-1

《全日制义务教育数学课程标准(实验稿)》将图形与几何知识领域的学习分成了四条线索:图形的认识、测量、图形的运动、图形与位置。即从多个角度对空间图形和平面图形进行刻画,刻画图形的特征、大小、位置及其运动,这些将促使学生多角度、多元、多维地来认识和理解图形,并在多元、多维理解图形的过程中,发展学生的空间观念和推理能力。

具体来看,"圆"单元包括:圆的认识、圆的周长、圆的面积三大主要内容。它们从属于"图形认识"和"图形测量"这两条线索。是在学生学过直线图形的认识、周长和面积计算之后进行教学的。圆是一种曲线图形,它与直线图形有不同的特点,"圆"的教学是学生系统认识曲线图形特征的开始。"圆的认识"主要关注圆这条曲线上点的特征;"圆的周长"主要关注圆这条曲线的长度;"圆的面积"则主要关注曲线围成的面积。借助对圆的探究,使学生初步认识到研究曲线图形的基本方法,同时向学生解释曲线图形与直线图形的关系,以扩展学生的知识面,发展学生的空间观念,从而加深学生对周围事物的理解,为他们以后学习、认识圆柱、圆锥等知识打好基础。

"由直到曲"是本次图形认识的重大改变,同时也使我们在直线形认识及研究中积累的经验"四处碰壁"。在直线形认识中,我们习惯从边(长短及位置关系)和角两方面来观察其特点,在圆的认识中边变弯曲了,角变没了,那我们该从什么角度认识圆呢?如图 1-2 所示,在直线形的测量中,我们都会回归本质,从单位长度的拼接来测量周长、从单位小正方形的密铺来测量面积、从单位小正方体的堆积来测量体积,在圆的周长及面积测量时,线弯了,面也不方正了,我们又该怎么去测量呢?由此可见,曲线为我们带来了诸多的麻烦，在本单元的学习中知识的掌握固然重要，体会并积累曲线的研究方法更加不可忽视，"化曲为直""化无穷为有限"的方法将贯穿于整个数学。它是学生揭开"另类图形"（曲边图形、旋转体）学习的开始。

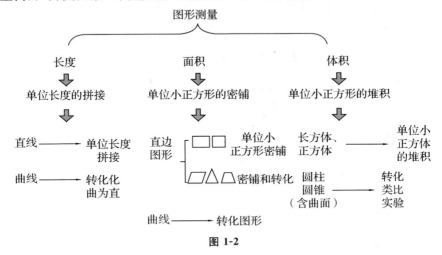

图 1-2

一、圆的认识教材分析①——游戏、车轮、井盖都是圆形为哪般？

对比人教版和苏教版的教材，北师大版在"圆"这一单元的安排上有共性，更有很多独特的地方：

(一)圆的实质与特征的体现

北师大版教材中"圆的认识"安排了"圆的认识（一）"和"圆的认识（二）"两课时的内容，内容安排很丰富，虽未给圆下具体的定义，但却在众多活动中，突出了圆的本质与圆的特征。

1. 例题及习题中多处凸显圆的实质——一中同长，并体现其应用

教材中将生活中常见的圆现象提出来让学生思考：游戏时为什么通常围成圆形(图 1-3)?井盖为什么是圆的(图 1-4)? 车轮为什么是圆的(图 1-5)? 在对这些常见问题的思考和研究中，学生不仅解除了生活中的疑惑，更深刻感受圆"一中同长"的本质。

———————

① 教材特色活动分析与思考均参照：北京师范大学出版社 2014 年 6 月第 1 版小学数学教材六年级上册第一单元"圆"。

想一想，在套圈游戏中哪种方式更公平？为什么？

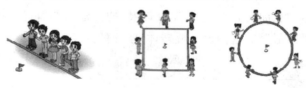

图 1-3 北师大版教材六年级上册"圆"

你能用圆的知识解释吗？试着说一说。

为什么它们都
是圆的呢？

图 1-4 北师大版教材六年级上册"圆"

车轮为什么是圆的呢？同桌合作做一做，想一想。

⚪分别用硬纸板做成下面的图形，代替车轮。

⚪小组合作，将做好的硬纸板"车轮"沿直尺的边滚一滚，描出 A 点留下的痕迹。

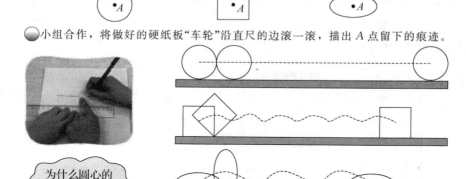

为什么圆心的
痕迹是直线？

⚪说一说，圆和其他图形有什么不同？

图 1-5 北师大版教材六年级上册"圆"

2. 关注圆的特征——普遍存在性、广泛对称性

(1)生活中有许多圆形物品，在学生的头脑中很早就建立起了圆的表象，感受到了圆的广泛存在性。

(2)对称性是图形的重要性质。与其他平面图形相比，圆具有很好的对称性：

第一，圆是轴对称图形(图1-6)，任意一条直径所在的直线都是它的对称轴，并且对称轴有无数条。正 *n* 边形是轴对称图形，但它的对称轴是有限的，不会是无穷多条。第二，圆是旋转对称图形(图1-7)，圆上所有点绕圆心旋转任意一个角度后都在圆上，具有任意的旋转不变性。

你有办法找出一个圆的圆心吗？

图1-6　北师大版教材六年级上册"圆"

剪下附页图1的圆、正方形和等边三角形，标出中心点 *A*，并将各个图形分别与下面相对应的图形重合，然后沿中心点 *A* 转动图形，你发现了什么？

圆　　　　　　正方形　　　　　等边三角形

图1-7　北师大版教材六年级上册"圆"

由以上教材中呈现的活动，我们会发现教材中虽未给出圆的具体定义，却处处都在体现圆的独特特征，并且这些特征的核心其实都是《墨经》中的这句记载："圆，一中同长也。"看到这些，我不禁在想：圆的认识究竟要认识些什么？又该怎么认识呢？

提到认识圆，我们都会想到：要认识圆心、半径、直径，知道半径和直径的关系、半径和直径都有无数条，知道圆心决定圆的位置、半径决定圆的大小，并辅以相关的练习。这就是认识圆了吗？认清圆了吗？一个定义、一条结论不能说明对知识的理解，而让学生经历圆的形成过程，参与多个观察和操作、思考活动，感悟、发现的圆的特征远比直接给个定义更有价值。

另外，教材中呈现的生活中的众多圆，多为静态的，是否该加入圆的动态产生会更丰富、更贴近圆的定义？

(二)"认识圆"的活动设计——独有的操作、独特的关注，你发现了吗？

在圆的认识这一部分，相对其他版本教材，北师大版教材有两次独有的操作活动(图1-8、图1-9)：

车轮为什么是圆的呢？同桌合作做一做，想一想。

⬤ 分别用硬纸板做成下面的图形，代替车轮。

⬤ 小组合作，将做好的硬纸板"车轮"沿直尺的边滚一滚，描出 A 点留下的痕迹。

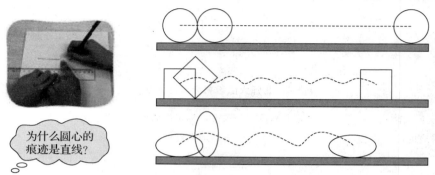

为什么圆心的痕迹是直线？

说一说，圆和其他图形有什么不同？

图 1-8　北师大版教材六年级上册"圆"

剪下附页图 1 的圆、正方形和等边三角形，标出中心点 A，并将各个图形分别与下面相对应的图形重合，然后沿中心点 A 转动图形，你发现了什么？

圆　　　　　　　正方形　　　　　　等边三角形

图 1-9　北师大版教材六年级上册"圆"

对于"车轮为什么是圆的"这个问题，几乎每个版本的教材都有提及，但多作为一个引子或一个生活中应用简单提及，唯有北师大版中特意将其安排为学生的一次动手操作活动，并将其运动的轨迹呈现在书中，在对这个问题的思考与实践中，学生对"一中同长"的体会必然是深刻的。

对于圆对称性的研究，也唯有北师大版教材中特意将其单独作为一课时（"圆的认识（二）"）来安排，充分体现对称性是圆最重要的特性。另外，在"圆的认识（二）"中，北师大版教材不仅使学生认识到圆的轴对称性，引导学生开展折纸活动，探索圆的轴对称性以及同一个圆里半径与直径的关系，通过与其他图形对称性的比较体会圆所具有的很好的轴对称性。还设计了一个独特的"练一练"

题目(图1-9),使学生对圆的旋转对称性有所感受和体会,丰富了圆的对称性。

独有的操作、独特的关注,引导我们聚焦在圆的最重要特性——对称性。

二、圆周长的教材分析——圆的周长问题的研究中什么才是最重要的? 小过渡应有大作用

圆的周长教学总是呈现这样的教学结构:情境引入圆的周长计算公式研究的必要性,猜一猜圆的周长和什么有关系,测量圆的周长和直径并计算其倍数关系,引导学生观察并发现圆的周长和直径倍数关系趋于稳定,介绍圆周率,推导圆的周长公式(图1-10)。

⚪如何测量车轮的周长呢? 用圆片试试看。

图1-10 北师大版教材六年级上册"圆"

圆的周长一课真正的难点在哪里? 是化曲为直的操作活动? 是滚尺法,绕线法? 是之后圆的周长和直径通过计算找规律的过程即圆周率的计算过程吗? 还是体会误差的存在性与规律的稳定性呢?

我们回过头再看这节课的探究活动安排(图1-11):

⚪圆的周长与什么有关?

圆的周长与直径有关。

正方形的周长是边长的4倍。圆的周长与直径也有倍数关系吗?

⚪找3个大小不同的圆片,分别测量出周长和直径,做一做,算一算。

圆的周长	圆的直径	圆的周长除以直径的商(结果保留两位小数)

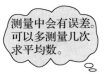

测量中会有误差。可以多测量几次求平均数。

观察上表,你能发现圆的周长与直径有什么关系吗?

图1-11 北师大版教材六年级上册"圆"

教材把"圆的周长与什么有关系？有什么关系"作为本课的探究活动。但是这两个需要探究的问题的处理却轻重不同。教材把重点放在了有什么样的关系的解决上。而圆的周长与什么有关系却是轻描淡写。这两个问题到底孰轻孰重呢？哪个问题更能激发学生的创造性呢？诚然，π的发现非常重要，但是如果学生不知道为什么要找圆的周长与直径的关系，这个π的价值又有多大呢？而学生又怎样才能发现圆的周长与直径有关系呢？我想这才是这节课的关键。

　　关于这个问题教材的处理方式如图 1-12 所示：

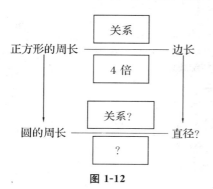

图 1-12

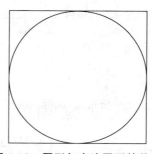

图 1-13　圆形与直边图形的关系

　　这样的"因为""所以"，直接告知，是不是忽略了最重要的东西呢？

　　解决曲边图形的度量问题，核心就是化曲为直。那什么是化曲为直呢？我认为在圆的周长的问题解决中化曲为直有两个层次：操作层次和推理层次。例如，圆的周长的测量中用到的滚尺法和绕线法都属于操作层次。而真正能够帮助学生发现圆的周长与直径有关系的则是推理层次：即找圆形与直边图形之间的关系(图 1-13)。也就是说学生能够意识到图 1-13 对于解决圆的周长找到度量方法的研究方向是十分重要的，那么也就解决了最关键的问题。

三、圆面积教材分析——圆的面积问题的研究中什么才是最重要的？小引子应有大分量

　　圆的面积这一课中通过剪拼法找转化前后图形之间的关系，从而推导出圆面积的公式一直是传统的教学重点。那么为什么要沿圆的结构中重要的要素——半径剪成大小相等的扇形进行拼摆呢？这么巧妙的方法是如何被发现的呢？这种方法如何让学生认为是自然而然被发现的？

在北师大版数学教材的数学阅读中介绍了阿基米德和祖冲之研究圆周率的方法，这些方法对圆面积的研究是不是也是同样重要的呢？与教材上介绍的剪拼法又有怎样的关系呢(图 1-14)?

公元前3世纪，古希腊数学家阿基米德发现：当正多边形的边数增加时，它的形状就越来越接近圆。这一发现提供了计算圆周率的新途径。阿基米德用圆内接正多边形和圆外切正多边形从两个方向上同时逐步逼近圆，获得了圆周率的值介于 $\frac{223}{71}$ 和 $\frac{22}{7}$ 之间。

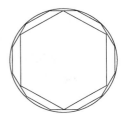

在我国，首先是由魏晋时期杰出的数学家刘徽得出了较精确的圆周率的值。他采用"割圆术"一直算到圆内接正192边形，得到圆周率的近似值是3.14。刘徽的方法是用圆内接正多边形从一个方向逐步逼近圆。

图 1-14 北师大版教材六年级上册"圆"

另外在"圆的面积(二)"中还介绍了另外一种推导圆面积的方法(图 1-15)：

⚪ 下面是一种有意思的推导圆的面积的方法，读一读，填一填。

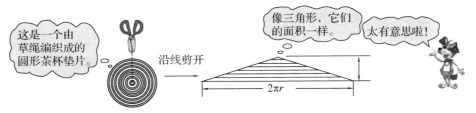

这时，三角形的面积相当于圆的面积。

观察这个三角形，底相当于圆的（　），高相当于圆的（　）。

三角形的面积＝$\frac{底×高}{2}$，所以圆的面积：$S=\frac{（　）×（　）}{2}=$（　）。

图 1-15 北师大版教材六年级上册"圆"

开普勒在《葡萄酒桶的立体几何》一书中，仿照切西瓜的方法，把圆分割成无穷多个小扇形，圆面积等于无穷多个小扇形面积的和，各段小圆弧相加就是圆的周长 $2\pi r$。并果敢地断言：无穷小的扇形面积，和它对应的无穷小的三角形面积相等。

圆面积的公式推导思路的多样化也让我陷入了深深的思考：哪一部分的教学是应该引起我们的教学上的关注，真正要被放大、放慢的部分呢？

让我们回过头再看北师大版教材的引入部分和练习部分（图1-16）：

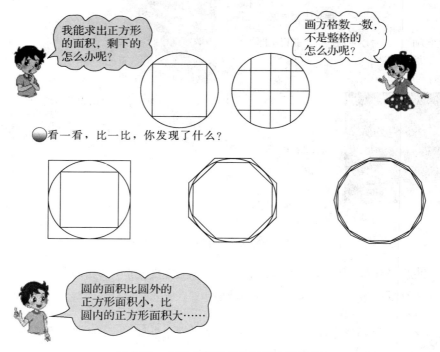

图1-16　北师大版教材六年级上册"圆"

这个似乎应该被蜻蜓点水一带而过的部分引起了我的注意。如果能够给学生一个研究课题，他们会怎样估算圆的面积呢？他们会找到圆面积的左右边界吗？有没有哪一种估算圆面积的方法和教材上呈现的圆面积推导方法建立起联系呢？学生还会迸发出怎样不同的思维火花呢？

无限与有限有本质的不同，但二者又有联系，无限是有限的发展。借助极限思想，人们可以从有限认识无限，从"不变"认识"变"，从直线形认识曲线形，从量变认识质变，从近似认识精确。

曲线形与直线形有着本质的差异，但在一定条件下也可相互转化。直线形的面积容易求得，求曲线形的面积问题用初等的方法是不能解决的。刘徽用圆内接正多边形逼近圆，一般地，人们用小矩形的面积来逼近曲边梯形的面积，都是借助于极限的思想方法，从直线形来认识曲线形的。那么也就是说在圆的面积的研究过程中让学生体验从直线形认识曲线形是很重要的，这是一种思维角度的改变，应该说是一次飞跃，这远比过去直线形面积公式推导时的那种转化思想深刻得多。进一步来说，极限思想给学生带来的应该是一种思维的力量，价值不言而喻。

四、数学阅读，又能帮我们"读"出什么？

轮子是古代的重要发明，由于轮子的普遍应用，人们很容易想到这样一个问题：一个轮子滚一圈可以滚多远？显然轮子越大，滚得越远，那么滚的距离与轮子的直径之间有没有关系呢？

最早的解决方案是测量。当许多人多次测量之后，人们发现了圆的周长总是其直径的3倍多。在我国，现存有关圆周率的最早记载是2000多年前的《周髀算经》。

用测量的方法计算圆周率，圆周率的精确程度取决于测量的精确程度，而有许多实际困难限制了测量的精度。

公元前3世纪，古希腊数学家阿基米德发现当正多边形的边数增加时，它的形状就越来越接近圆。这一发现提供了计算圆周率的新途径。阿基米德用圆内接正多边形和圆外切正多边形从两个方向上同时逐步逼近圆，获得了圆周率的值介于 $\frac{223}{71}$ 和 $\frac{22}{7}$ 之间。

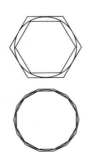

在我国，首先是由魏晋时期杰出的数学家刘徽得出了较精确的圆周率的值。他采用"割圆术"一直算到圆内接正192边形，得到圆周率的近似值是3.14。刘徽的方法是用圆内接正多边形从一个方向逐步逼近圆。

13

恐怕大家更加熟悉的是祖冲之所作的贡献吧！1500多年前，我国南北朝时期著名的数学家祖冲之得到了π的两个分数形式的近似值：约率为 $\frac{22}{7}$，密率为 $\frac{355}{113}$，并且算出π的值在3.1415926和3.1415927之间。这一成就在世界上领先了约1000年。

用正多边形逼近圆，计算量很大，再向前推进，必须在方法上有所突破。

随着数学的不断发展，人类开始摆脱求正多边形周长的繁难计算，求圆周率的方法也日新月异。

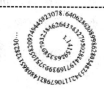

电子计算机的出现带来了计算方面的革命，π的小数点后面的精确数字越来越多。2000年，圆周率已经可以计算到小数点后12411亿位。

图 1-17 北师大版教材六年级上册"圆"

泽布罗夫斯基在"圆的历史"中说，圆可以看作是正 n 边形，是无穷多边形或无穷正多边形。你想画多圆的圆，就可以用多少边的正 n 边形来代替。这就是"化曲为直""化无穷为有限"思想的体现。

早在魏晋时期，我国伟大的数学家刘徽对圆与正多边形也曾有过"割之弥细，所失弥少，割之又割，以至于不可割，则与圆合体，而无所失矣！"的精彩论述。

图 1-18

这些资料的引入为我们掀开了数学历史的一角，同时也为我们提供了一个新的思考角度。"圆的认识"是学生研究曲线图形的开始，是学生认识发展的又一次飞跃。一是在认识其结构和度量特征的过程中，学生将从有限的世界踏入无限的世界中，无疑这将是一次认识上的飞跃；二是体现在圆的对称性上，圆是对称性"最好"的对称图形，既是轴对称图形，又是旋转对称图形。三是体现在研究圆的方法上，"化曲为直"的方法是非常重要的，也是学生不易理解的。教学中我们是否该提出或引导学生分析正多边形与圆的联系与区别，并利用"课件"让学生真正"看到"正 n 边形（当 n 越来越大）就趋近于"圆"，这是否又从另一个角度高度概括了圆的本质？是否让学生初步感悟到了"量变导致质变"的哲学思想？是否让学生体验到了"无限"世界中的神奇与美妙？"直"与"曲"有着本质的不同，又有着密切的联系，"直"可以形成"曲"，"曲"也可以转化为"直"来研究。

史料带给我们的不应仅是一份自豪感，更是一个研究的角度和一种研究的方法和一种神奇的体验。

第三节 对于身边熟悉的圆，学生是否"研究"过

正如前面所说，"圆"在生活中广泛存在及应用，因而学生在圆的学习前不是一张白纸，对于身边熟悉的圆，他们是否"研究"过？他们有哪些直观感觉？在研究过程中他们的思维路径又是怎样的呢？在对这些问题的思考与追问后，我们对学生做了几次学前调研。

【第一次】

调研目的：了解学生对圆的感知程度及其关注点。

调研对象：随机抽取我校六年级一个班（共37人）。

调研题目1：关于圆你都知道些什么？

调研结果（表1-1）：

表1-1 学生问卷结果统计表

学生出现的情况	人数	百分比/％
圆有无数条对称轴	5	13.5
圆心、半径、直径	19	51.4
圆的周长公式	23	62.2
圆的面积公式	23	62.2
把圆转化成近似直边图形	2	5.4
圆周率	28	75.7
圆周率是周长与直径的比	1	2.7

调研题目2：圆和你学过的其他平面图形有什么区别？

调研结果（表1-2）：

表1-2 学生问卷结果统计表

学生出现的情况	人数	百分比/%
圆的边不是直的	8	21.6
圆没有角或棱角	28	75.7
圆没有顶点	4	10.8
圆只有一条边	11	29.7
圆有无数条对称轴	11	29.7
画圆时要用圆规，画其他图形需要用尺子	1	2.7

调研结果分析：

由以上调研可以看出，60％以上的学生已经从不同渠道认识了哪是圆心、哪是圆的半径、哪是圆的直径，知道了圆周率是3.14及圆周长和圆面积的计算方法。但圆周长和圆面积是如何研究所得，圆周率又是怎么回事能想到或说清的人却寥寥无几。学生更多关注图形的外在特征，很少去考虑圆形的内部特征及形成过程。而这些正是圆的学习中应让学生体会和感悟的。

【第二次】

调研目的：了解学生在思考圆周长时的思维路径。

调研题目：圆的周长和哪种图形的周长比较接近？为什么？

学生作品：

图1-19 学生作品

图1-20 学生作品

图1-21 学生作品

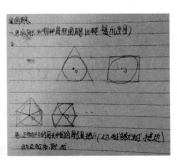

图 1-22　学生作品

图 1-23　学生作品

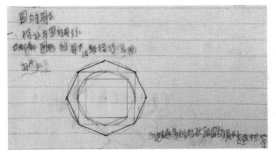

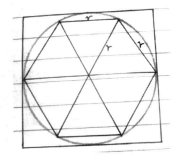

图 1-24　学生作品

图 1-25　学生作品

调研结果分析：

由学生的作品我们发现。

（1）学生把自己似乎化身成圆，在想象中用知觉感受与外切正方形、外切三角形之间的接触，从而感性地确定它们之间的联系。

（2）学生有一定的空间想象力，他们在自己的头脑中进行着化曲为直的操作。

（3）部分学生能够通过自己构造圆的内接或外切多边形，并通过增加边数认识到正多边形的周长与圆周长的近似关系，具备了极限思想的初步萌芽。

（4）学生对圆的周长与其外切正方形周长接近的本质原因的分析已进入推理阶段。他们开始意识到这种周长的接近，可能是由于圆和其外切正方形在其图形结构的重要元素上具有相同点。

（5）还有的学生在试图从两端给圆的周长确定一个范围。

这个问题的无意提出，学生的回答给我们带来了巨大的冲击，学生有着很好的几何直觉，他们会自觉将圆与正多边形建立起联系。这是学生对圆周长学习的一个很好的资源，在圆周长的学习中圆周率的发现固然重要，但是如果学生不知道为什么要找圆的周长与直径的关系，这个 π 的价值又有多大呢？这个调研让我们找到了新的切入点。

【第三次】

调研目的：了解学生会怎样估算圆的面积，在研究过程中又有哪些困难。

调研题目：你能想办法测得一个圆近似的面积吗？

学生作品：

1. 以计数测量单位为问题解决方法的思维路径。

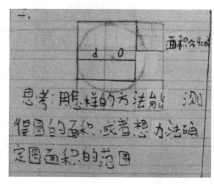

图 1-26　学生作品

从这份作品（图 1-26）我们可以看出，学生把这个圆用 1 cm² 的正方形进行覆盖，通过计数面积单位的个数可以获得圆面积的近似值，还可以获得圆面积小于它的外切正方形面积。

2. 以分割区域面积求和为问题解决方法的思维路径。

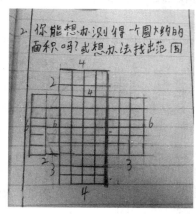

图 1-27　学生作品

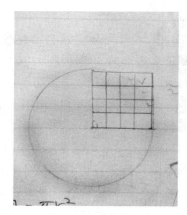

图 1-28　学生作品

　　表面上看这两份学生作品(图1-27、图1-28)与上面方法思路无异,但是他们所分割出的正方形面积明显小于 1 cm²,他们想让获得的面积更准确一些,把正方形的边长确定为 0.5 cm。也就是说他们的计数不是完全数个数,而是蕴含了累计求和的思想,而且对精确有了一定的追求。

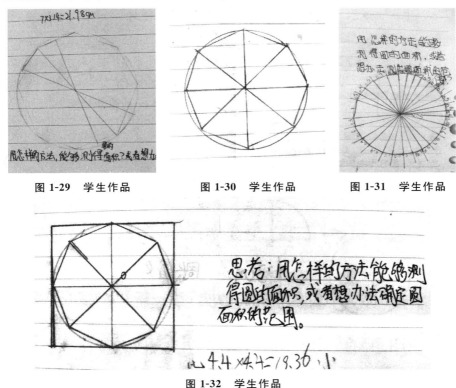

| 图 1-29　学生作品 | 图 1-30　学生作品 | 图 1-31　学生作品 |

图 1-32　学生作品

　　而从这几份学生作品(图1-29~图1-32)我们可以看出,学生分割出的全等区域已不限于正方形。而且这种分割水平又明显高于上面的分割方法,因为在分割的过程中运用了影响圆的大小的要素:半径。而且我们惊喜地看到,其实教材上的剪拼法就可以从学生这朴素的方法引入,显得更加自然。

　　分割成不等区域:

　　这份学生作品(图1-33)表现出在解决圆面积的问题时,他想通过分割成学过的有公式测量方法的图形,然后面积累计求和得出圆的面积,但是他思维上明显有了接近圆的需要。所以第一次构造一个正方形后,在剩余部分构造图形时选用了更接近剩余部分形状的梯形。

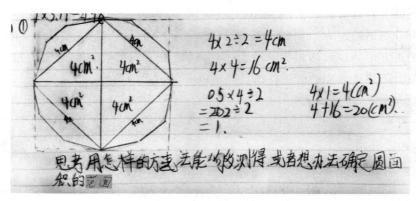

图 1-33　学生作品

3. 以极限思想为问题解决方法的思维路径。

（1）密铺逼近

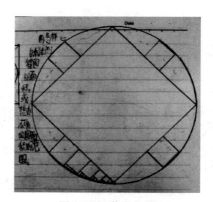

图 1-34　学生作品

这份学生作品（图 1-34）展现了学生朴素的极限思想，他先在圆中构造一个最大的正方形，然后在余下的部分再构造一个最大的正方形，然后不断这样构造下去，达到测得的面积无限接近这个圆的面积。

（2）一侧或两侧逼近

而这几份学生作品（图 1-35～图 1-39）虽然也运用了极限思想，却明显不同于图 1-19 所示的学生作品。他们掌握了朴素的二分法（图 1-39），使所构造的图形本身无限地接近圆，面积的大小也就更加接近圆。当然，多边形面积的计算方法是学生获得圆面积的障碍，但是这也会成为他们研究问题的动力。

……

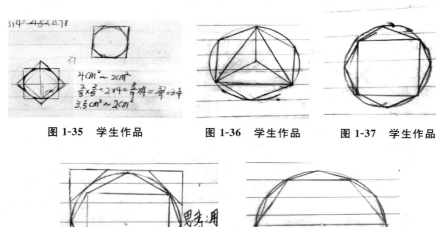

图 1-35 学生作品　　　图 1-36 学生作品　　　图 1-37 学生作品

图 1-38 学生作品　　　　　图 1-39 学生作品

【思考】

对学生的几次调研让我们深深感到：圆和正多边形的关系隐藏在学生头脑中，也存在于学生的心里，这种几何知觉是学生宝贵的学习基础。从"画圆入手"来认识圆、从"正多边形与圆的关系"来认识圆，将作为我们教学实践的主旨。

第四节　由直到曲的飞跃

(一)直尺画圆，你想过吗？——"圆的认识"教学实践

【核心思想】以画圆活动为核心，多元、多维地认识圆，揭示圆的本质特征。

【主要环节】

环节一：利用含圆形面的物体画圆

设计意图：利用含圆形面的物体画圆，初步感知圆，体会圆的不同。

环节二：利用直尺画尽可能圆的圆

设计意图：通过经历画圆的过程，体会圆的动态形成，引导学生关注圆的内部特征；用直尺画圆，大道至简，让学生用尽可能少的、普通的用具去思考和研究问题，"迫使"其动脑思考，将头脑中的潜能激发。并在画圆的过程中认识圆的各部分名称，理解其本质。

学生作品欣赏：

1. 利用直边图形（正多边形）

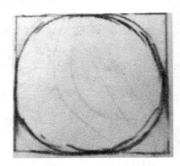
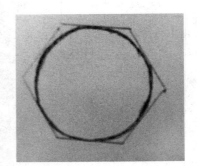

图 1-40　学生作品　　　　　　　图 1-41　学生作品

2. 割圆

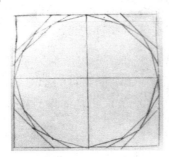
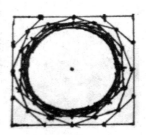

图 1-42　学生作品　　　　　　　图 1-43　学生作品

3. 外扩正多边形

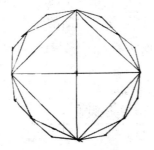

图 1-44　学生作品

4. 用线（直径）来画圆

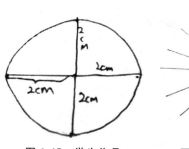

图 1-45 学生作品

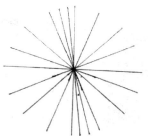

图 1-46 学生作品

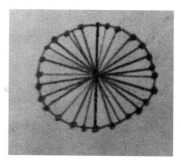

图 1-47 学生作品

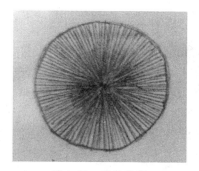

图 1-48 学生作品

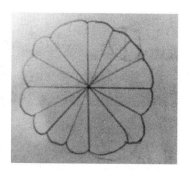

图 1-49 学生作品

5. 利用图形画圆

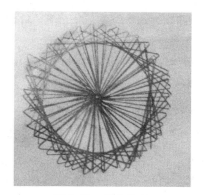

图 1-50 学生作品

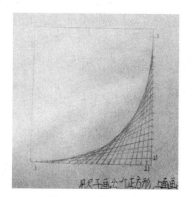

图 1-51 学生作品

环节三：设计画圆工具

学生的设计想法：

图 1-52 学生作品

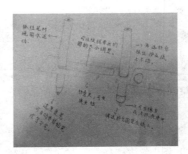

图 1-53 学生作品

实际制作：

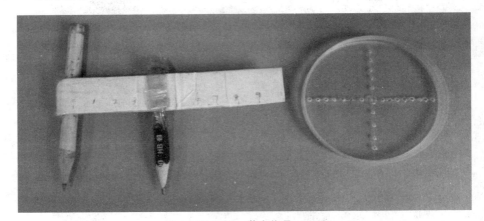

图 1-54 学生作品

教学反思：

这么多年以来，我们把眼光关注在一个单元的每一节课我们都该讲什么教学内容，应该用几课时来完成教学任务，怎样教学生能够掌握知识点，怎样设计练习学生才能把题目做对。换句话说，应试教育虽已被反对多年，但是面对教育现实，这个观念在我们的脑海里依然萦绕不去。因此我们在教学中往往更关注自己是否把知识点都讲全了，如果在一节课中我们能涉及所有的知识点，我们就能长出一口气，总算知识目标都实现了。可是学生呢？如果这些知识是种子，它们真的埋进记忆的土壤了吗？它们真的会发芽吗？如果发芽了，会长大吗？如果长大了，会开花吗？这一颗知识的种子我们该怎样种下才能够成为一颗有力量的种子？

"圆的认识"这一课是圆这个单元的起始课，虽然这节课已经上完了，但是我想它也仅仅是个开始，我们该如何对待我们每天看似平常的课堂，真的是我们应该思考的问题了。

1. 设计"大"数学课

圆这个单元的教学内容分为圆的认识，圆的周长和圆的面积几大块内容。过去我们跳不出讲公式，背公式，用公式的圈子，"圆的认识"一课自然就成为了可怜的陪衬课，简单认识后很快就进入了周长和面积的学习，以便用更多的时间熟悉公式，挑战难题。

但是现在我认为，一个单元的教学是否能带给学生更多的经验，绝对要从整体角度考虑问题，而不能把内容进行诸如圆的认识，圆的周长和圆的面积这样的硬性划分。如果想让学生对周长和面积认识深刻，自然对圆的认识要深刻和全面。因此，应该把圆的认识这个教学内容进行细致的分析，例如：该从哪几个角度认识圆？需要几个课时？每个课时对圆的认识，希望学生积累到怎样的经验？通过什么方法，组织什么样的数学活动能够让学生关注到这个角度和相关的知识点？需不需要一节圆的认识的复习课？让学生整理认识圆的角度和所获得的多方面经验？哪些角度和哪些经验对圆的周长和面积的学习有更加重要的帮助？所以在一个教师头脑中形成的不应该是一节课，而是若干节课，它们环环相扣，成为彼此独立又密不可分的整体，我们姑且把它们称为大数学课吧，也就是说教师头脑中应该有大数学课。当然，关于圆这个单元该怎样教学，我没有成熟的结论，还需要大家一起不断思考和不断的实践去努力寻找。

2. 圆与正多边形的关系的再次讨论

在圆的认识一课中，我们让学生从多个角度体验了圆的形成过程。特别是，当正多边形的边越多越接近圆这个现象。但是这种经验只是表面直观的经验。那么为什么正多边形的边越多就会越接近圆呢？这里面本质的原因又是什么？我想应该引导学生去探索，从而从图形的外部轮廓感受，走进图形的内部特征研究。

北师大版教材有这样的设计：

车轮为什么是圆的呢？同桌合作做一做，想一想。

⬤ 分别用硬纸板做成下面的图形，代替车轮。

⬤ 小组合作，将做好的硬纸板"车轮"沿直尺的边滚一滚，描出 A 点留下的痕迹。

为什么圆心的痕迹是直线？

⬤ 说一说，圆和其他图形有什么不同？

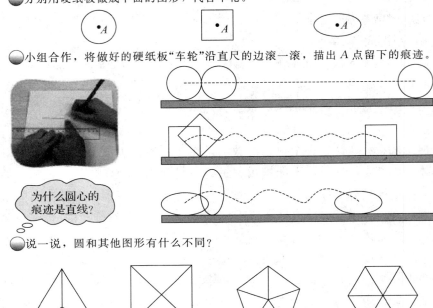

图 1-55　北师大版教材六年级上册"圆"

车轮为什么是圆的？不颠簸的本质原因是什么？如果能很好地引导学生寻找，让学生关注到正多边形边上的点与中心点之间的距离和圆周上各点与圆心之间的距离有什么不同，不就能让学生真正地走进圆这个图形吗？

当然这样的课要怎样设计，需要再细细去想，但是让学生的数学学习走向深刻，是每个数学教师应该做的事情。

3. 画圆工具设计的交流、制作、演示

画圆的工具，我们比较熟悉的就是圆规了。但是如果我们一味地教学生用圆规画圆，最多也就是帮助学生形成一种绘图技能。圆规能够画圆，因为它能够实现动点到定点的距离保持不变，从而能够留下圆形的运动轨迹。如果我们能够通过让学生设计自己的画圆工具，让学生在设计过程中利用圆的本质特征，不是更能加深学生对圆的认识吗？

因此我觉得后续课程中还可以让学生设计画圆的工具，设计图中说明设计原理，并写出使用说明（见图1-52、图1-53、图1-54）。然后根据自己的设计图进行制作，再在课堂上展示给同学们，那不是更好吗？不仅能让学生有成就感，还能让学生更深刻理解圆的特征。

用心帮学生认识圆，也就是教学生用心认识世界。

（二）"化"方圆中话方圆——"圆的周长"教学实践

教过"圆"这一单元的教师一定有这样的体会，那就是在学习之前已经有很多学生知道π，还有一个现象就是让学生测量、计算后他们一定会得出3.14这个数值。因此我们有了这样的疑问："圆的周长"一课真正的难点在哪里？是化曲为直的操作活动吗？是计算圆的周长和直径的商得出圆周率的过程吗？还是体会误差的存在性呢？π的发现固然重要，但学生知道为什么要找圆的周长与直径的关系吗？学生又怎样才能发现圆的周长与直径有关系呢？调研中的问题及结果分析，已经为我们指明了"道路"。

【核心思想】利用学生的几何直觉，在方与圆中建立联系，让π脱掉了隐身衣。

【核心环节】

环节一：回归原点，展现学生原有想法与"直觉"。

问题：你认为哪个图形的周长和圆的周长最接近？为什么？

学生可能会出现：

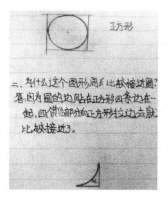

图1-56 学生作品

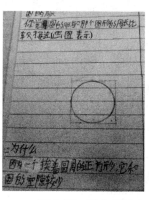

图1-57 学生作品

图1-58 学生作品

在这个问题的启发下，学生很自然地将"圆"与"方"建立联系，甚至还在试图将圆周长与正方形周长缩小差距的思考中想到正五边形、正六边形、正八边形……并且能够感受到多边形的边数越多，每条边所对应的弧线长和直线长的差距就越小，也就与圆的周长越接近（见图1-59、图1-60）。

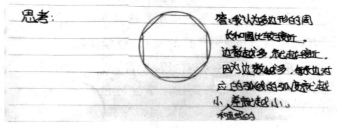

图 1-59　学生作品

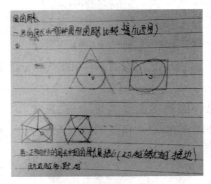

图 1-60　学生作品

还有一部分同学在思考中试图寻找圆中的主要元素与多边形之间的联系，能够给圆周长一个计算的方法或取值的范围，如图 1-61 所示右边的一个，已经有用 r 来表示出内接正六边形和外切正方形的周长的意思了。

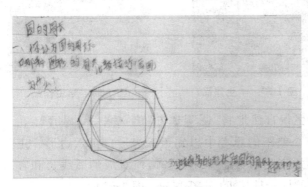

图 1-61　学生作品

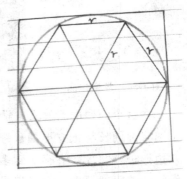

图 1-62　学生作品

看了学生的这些想法，我心中很是感慨，也很震惊，学生的这些几何直觉太奇妙也太重要了，虽然这样的一节课，我们可能并不能得出圆周长确切的计算公式，但它给学生带来的似乎要远比一个公式有价值的多。

环节二：围绕核心问题，经历公式由来

1. 引导学生从图形联系中发现圆周长与圆直径有密切联系，让 π 脱掉了隐身衣。

（1）从学生们前面的思考中，我们可以借用学生的想法，引导大家理性思考，学生会发现：圆周长比直径的 3 倍多，比直径的 4 倍少。

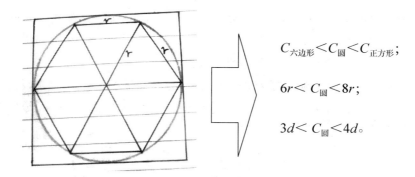

$$C_{六边形}<C_{圆}<C_{正方形}；$$

$$6r< C_{圆}<8r；$$

$$3d< C_{圆}<4d。$$

图 1-63　学生作品

（2）辅以围线、标注的方法，学生还会发现圆周长是直径的 3 倍多一点。

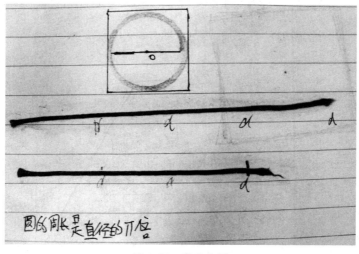

圆的周长是直径的 π 倍

图 1-64　学生作品

2. 让学生经历"化曲为直"的过程，通过传统的"围线""滚尺"等方法，测量发现圆周长与直径的关系，推导周长的计算公式。

如何测量车轮的周长呢？用圆片试试看。

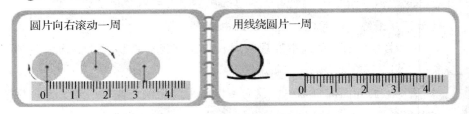

图 1-65 北师大版教材六年级上册"圆"

让学生经历这样一个圆周长的研究过程，"π"不再神秘，也不再遥不可及。

教学反思：

1. 教学起点应来自学生自然生发的思维

如果没有学生对于哪个图形的周长和圆的周长最接近，为什么？这个问题的深入思考和全面交流讨论，圆的周长和直径有关系这件事也就是简单的猜想和告知。

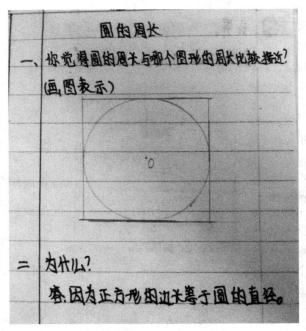

图 1-66 学生作品

但当我们欣喜地看到有的学生确实把圆和边长与其直径相等的正方形建立起联系，并且指出它们之所以周长相近是因为正方形的边长等于圆的直径时，下节课圆的周长计算公式的推导就自然地找到了研究的起点。

在下节课讨论圆周率的问题时，这个图形就不是横空出世的了，自然而然地引出了对圆的周长和直径倍数关系的讨论。

$a=d$ 也就是说正方形的周长是 $4a$ 即 $4d$，我进一步引导学生用线绳围绕正方形一周，并在每一段边长做好标记，获得与正方形周长等长的线段，这不就看到 $4d$ 了吗？然后再用另一条线绳绕圆一周，与正方形周长比对，学生就能亲眼看到圆的周长是直径的 3 倍多一些了。π 终于脱掉了隐身衣，变成了看得见摸得着的事物。

2. 思维释放应恰当选择研究原点

哪个图形的周长和圆的周长最接近这个问题似乎与周长的计算没有太大关系，却真正激发了学生的思维，他们思维路径迥异，水平也不同，但是都在用自己的方式感受圆的周长。

由此可见，怎样发展学生的几何思维是我们应该关注的重要问题。抓住一个可以给学生自由思维的点，使其放大，才能够让学生的几何思维得到真正的尊重和发展。

(三)挑战"极限"——"圆的面积"教学实践

圆的面积这一课中通过剪拼法找转化前后图形之间的关系，从而推导出圆面积的公式，这一直是传统的教学重点。那么为什么要沿圆的结构中重要的要素——半径剪成大小相等的扇形进行拼摆呢？这种方法如何让学生认为是自然而然被发现的？在没有任何暗示的情况下，学生会怎样来解决这个问题呢？在北师大版数学教材的数学阅读中介绍了阿基米德和祖冲之研究圆周率的方法，这些方法对圆面积的研究是不是也是同样重要的呢？

【核心思想】转化、无限分割（极限）

【核心环节】

环节一：看看学生在想什么？

问题：你能想办法测得一个圆的面积吗？

方法 1：画小方格，因圆是曲边没有快捷的计算方法，退回本源试图用面积单位来度量。

图 1-67　学生作品

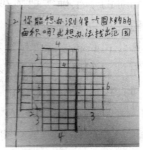

图 1-68　学生作品

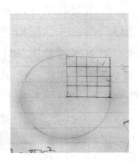

图 1-69　学生作品

学生将圆用 1 cm² 的正方形进行覆盖，通过计数面积单位的个数获得圆面积的近似值。

方法 2：转化成学过的图形来解决圆面积问题

（1）不等分、无限分割。

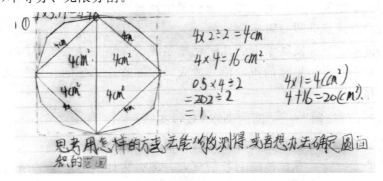

图 1-70　学生作品

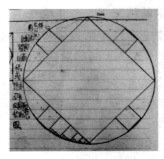

图 1-71　学生作品

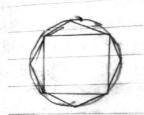

图 1-72　学生作品

在解决圆面积的问题时，学生想通过分割成学过的"规则"图形，然后按面积累计求和得出圆的面积，当剩余部分依然"不规则"时，还会想到取与之接近的图形求面积或继续分下去，不可求的面积会越来越小。

（2）等分，将圆与正多边形建立联系。

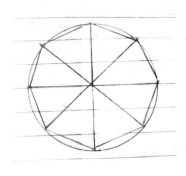
图 1-73　学生作品

图 1-74　学生作品

图 1-75　学生作品

这些几何直觉再次被学生"提出"，它们不仅帮助学生找到圆面积的近似值，同时也为教材上的剪拼法找到了一个切入口。

（3）寻找范围，找到圆面积与内接、外切正方形面积之间的联系。

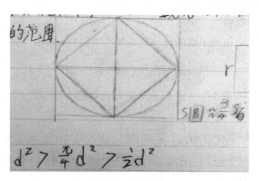
图 1-76　学生作品

虽然学生的众多想法都不能找到准确的结果，但对学生"对面积本质的理解"和对"极限思想的体会"等都非常有益。而且学生这些"直觉"都为圆的面积计算公式的推导自然地找到了研究的起点。

环节二：围绕核心问题，经历公式由来

在圆面积的研究过程中，剪拼法对学生来说依然是很重要的，教学中我们不仅剪拼成平行四边形和长方形，还剪拼成三角形和梯形，目的不在多样化，而在于在多次的剪拼过程中，体会剪拼前后的变与不变，体会剪拼前后两个图形间的联系，体会圆面积公式的由来。

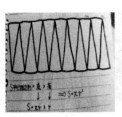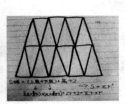

图 1-77 学生作品

环节三：补充，开阔思路

⚪下面是一种有意思的推导圆的面积的方法，读一读，填一填。

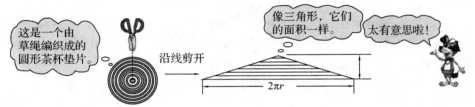

这时，三角形的面积相当于圆的面积。

观察这个三角形，底相当于圆的（ ），高相当于圆的（ ）。

三角形的面积＝$\dfrac{底 \times 高}{2}$，所以圆的面积：$S = \dfrac{（ ）\times（ ）}{2} = （ ）$。

图 1-78 北师大版教材六年级上册"圆"

【结束语】

圆是独特的、圆是完美的，在画圆、从正多边形来认识和研究圆的过程中，我们不仅让学生感受到"圆妙不可言"，也让我们的课堂教学变得充满"意外"、充满惊喜，经历了多个妙不可言的研究过程。我想这些远远比认识半径、直径，知道周长和面积的计算公式有价值得多，大家不妨试一试。

第二章　分数如此多娇

—— 三年级"认识分数"单元的教学研究①

引　言

从整数到分数是"数"概念的一次扩充。分数是小学数学教学内容中重要的组成部分，与日常生活密切相关，对学生进一步学习具有重要作用。在教学中我们感到相对于整数、小数的学习，教学分数存在的问题比较多。

综合教材和学生平时习题的反馈，我们发现其问题主要体现在以下几个方面：

问题一：

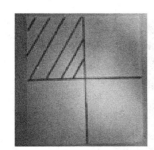　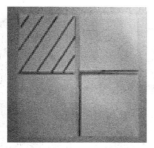　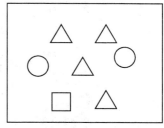

图 2-1　　　　　　　　图 2-2　　　　　　　　图 2-3

如图 2-1 所示，把一张正方形纸平均分成四份，其中一份是这张纸的几分之几？

如图 2-2 所示，学生理解第一幅图的四分之一比较容易，但是将第一幅图平均剪成四份，其中的一份表示整个图形的四分之一，有的学生就不认可。

如图 2-3 所示，三角形的数量占所有图形的（　），正方形的数量比圆形少所有图形的（　）。[填分数]

这道题的错误率比较高，单位"1"出现了三类量，同时还涉及两个部分的

---

①　本研究报告由马洁、王颖执笔。

差占全部的几分之几？（差倍问题）这样的题在学生刚学过分数初步认识时出现是否合适呢？

问题二：

学生得出的结论是否正确？如果正确，又如何用分数的概念来解释呢（图2-4、图2-5）？

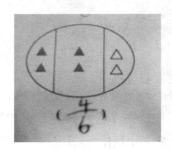 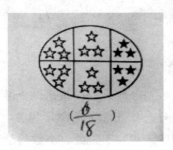

图2-4 学生作品   图2-5 学生作品

问题三：

这是试卷中出现的一道题，图中阴影部分的面积是大正方形的几分之几？我们截取了两个同学的答案（图2-6、图2-7）。

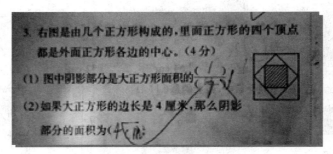

图2-6 学生作品

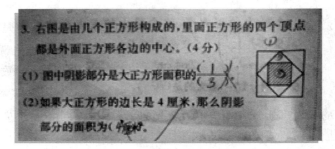

图2-7 学生作品

图 2-8、图 2-9 这两道题出现了用分数表示量。

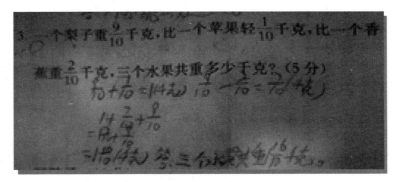

图 2-8 学生作品

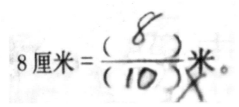

图 2-9 学生作品

以上这些题，对于刚接触分数的学生来讲，是否超标呢？判断超标与否的标准是什么呢？

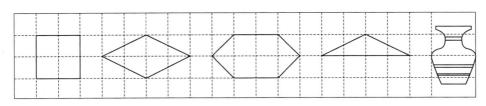

图 2-10

2. 观察下图，你能得到哪些分数？与同伴说一说。

图 2-11　北师大版教材三年级下册"认识分数"

图 2-12

教材在认识时不仅给出了正方形、六边形、平行四边形，还给出了花瓶、房子。在认识其他分数时又呈现了图例等。那么教材为什么给出这些图呢？认识分数时到底应该借助哪些模型？

红星占全部星星的 $\frac{(\quad)}{(\quad)}$，　　梨占全部水果的 $\frac{(\quad)}{(\quad)}$。

蓝星占全部星星的 $\frac{(\quad)}{(\quad)}$，　　苹果占全部水果的 $\frac{(\quad)}{(\quad)}$。

图 2-13　北师大版教材三年级下册"认识分数"

1. 涂色部分占整个图形的几分之几？

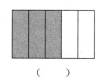　　　　　　

（　　　）　　　（　　　）　　　（　　　）　　　（　　　）

图 2-14　北师大版教材三年级下册"认识分数"

图 2-14 的第四幅图到底是用( )表示还是( )表示?

$$\frac{1}{4} + \frac{2}{4} = \frac{3}{8}$$

图 2-15 学生错例

学生在做同分母分数加减法时总有一些同学会把分母和分母相加、分子和分子相加,原因何在?

【思考】

基于以上出现的问题和解读教材时遇到的困惑,我们决定深入分析影响学生学习分数的原因及其学习的障碍,并以此问题的解决提高分数学习的效率,因此我们针对以上的研究,提出了以下几点主要研究问题。

1. 分数到底是什么(本质)?分几个层次来理解?

2. 教材是怎么安排和处理的?

3. 学生对分数认识的起点是什么?障碍是什么?三年级学生认识分数应该到什么程度?

4. 如何设计有效的教学活动,让学生更好地理解分数、认识分数?

后面将结合教学实践,围绕如上的问题进行深入的课例研究。

第一节 "分数"的本质

基于前面的问题,我们发现,要想解决这些问题,其核心在于必须理解分数的实质。要想切实理解分数的实质,就需要我们查阅相关文献。下面我们结合对文献的理解来阐述分数的实质。

关于分数,很多研究者有相关的论述,其中有代表性的有:

张奠宙先生在《小学数学研究》一书中,认为分数定义按人们认识发展的顺序,一般有四种情况:

定义 1(份数定义):分数是把一个单位平均分成若干份之后其中的一份或几份。

定义 2（商定义）：分数是两个整数相除（除数不为 0）的商平均分成若干份之后其中的一份或几份。

定义 3（比定义）：分数是整数 q 与整数 $p（p\neq0）$之比。

定义 4（公理化定义）：有序的整数对（p，q），其中 $p\neq0$。

另一位是台湾台北师范学院数学教育系的吕玉琴先生，她在"国小高年级学童分数概念量表之设计研究"讲座中，认为分数有以下几方面的意义：

1."部分与全部"的概念。

2.比率：强调两个数量的关系。

3.比值：用一个量值来代表两个数量的关系。

4.商：两数相除的结果。

5.操作：强调分数是一种转换。

6.线性坐标：强调竖线的距离长。

7.数在线的一点：即实数系的子集合。

刘加霞教授"对'分数'多维多元的理解及其教学建议"中提到，分数可以从"行为分数"和"定义分数"两方面去理解。从"行为"的角度看，除了从"平均分"认识分数外，"测量"也是认识分数的重要途径。我们知道，自然数主要用于"数"个数，即数"离散的量"的个数，当测量"连续的量"（例如物体的"长度"）时，首先需要选定"度量单位"，"数"被测量物体中包含多少个"度量单位"，一般情况下，我们不能"数尽"，为了得到更准确的值，我们把原来的"度量单位"分割为更小的"度量单位"（一般情况下是平均分为"十等份"，以其中的一份作为新的度量单位），再以更小的度量单位来测量以得到更精确的结果。这时，就可以用"分数"来表示测量的结果（用不同的"单位"表示），只不过此时得到的"分数"不是一般的分数，而是特殊的"十进分数"，即小数。这时，是从"量"的角度理解分数。度量产生的不是一般的分数，一般的分数产生于"解方程"或者是除法运算的结果。作为"定义的分数"就是将分数定义为"形如 $\dfrac{b}{a}$，$a\neq0$ 的数，就叫分数"，不考虑其现实意义，只是从"形式"上给出描述，即分数是由一对"数对"决定的，有一个"数对"就有唯一一个分数和它对应。

通过自身的理解、相关文献的查阅以及专家的指导与交流，结合儿童认识事物的特点，我们认为数学教育的起始阶段——小学数学教育，应侧重从分数的几个层次，分阶段引导学生认识分数，学习分数，运用分数。这几个层次有：

1. 分数概念的现实意义：表示的是"量"还是"率"。

率表示的是整体与部分的关系，而量表示的是大小。在实际生活中，很少用分数表示量。因为分数不是十进制，不好感知数的大小。三年级主要认识的是分数表示率的含义。

2. 分数概念的数学意义：代表数。作为一个数，脱离任何现实意义，就从数学的角度，把单位"1"平均分成若干份，表示其中几份的数。

分数单位同自然数的计数单位本质是一致的，但因为分数单位是随着单位"1"被等分的份数的变化而变化，不像自然数（一、十、百、千、万等）或小数的计数单位（十分之一、百分之一等）那样固定，这就使学生理解起来比较抽象和困难。更困难的是"单位1"可以被平均分为任意等份，从而任何一个分数都是无数多个"分数单位"，分数单位不同其所对应的"个数"就不同，但两者的乘积是一样大的。而一个固定的自然数（或有限小数）的计数单位是有限个，各个单位之间的关系又都是"十进"的。把分数看成是"分数单位的累加"不仅延续了自然数的认识，又为进一步理解分数的大小比较、分数的性质以及分数的加减运算打下了坚实的数学基础。

3. 分的对象："单位 1"（整体 1）。

（1）面积模型："单位 1"是一个物体或一个图形（线段）

对于分数的"面积模型"，在学习过程中学生经常遇到一些困难，例如：能否认识到图形"面积相等"的必要性，即"整体 1"是否一样大。

（2）集合模型："单位 1"是一个"集合"（群体）。

这也是"部分—整体"的一种形式，与分数的面积模型联系密切，甚至几乎没有区别，但学生在理解上难度更大，关键是"单位 1"不再真正是"1 个整体"了，而是把几个物体看作"1 个整体"，作为一个"单位"，所取的"一份"也不是"一个"，可能是"几个"作为"一份"。例如，在图 2-16 中，"灰色长条"占全部"长条"的 $\frac{3}{5}$。分数的集合模型需要学生有更高程度的抽象能力，其核心是把"多个"看作"整体 1"。

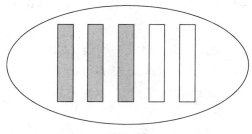

图 2-16

分数的集合模型的优点是有利于用比较抽象的数值形式表示"比"与"百分比"，这时，我们把分数看作是"算子"，即把分数看作是一个"映射"，例如"灰色长条"与"白色长条"之比为 3 : 2，或者写为 $\frac{3}{2}$。

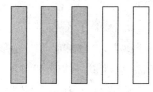

图 2-17

分数的集合模型的缺点仍然是容易对"假分数"（improper）产生误解，这与面积模型的问题完全一样：谁作为"整体 1"，这既是认识分数的一个核心，又是一个难点。

J. Martin 总结出"整体 1"可以分为以下六种情况（以 $\frac{1}{5}$ 为例）：

①1 个物体，例如一个"圆形"，平均分为 5 份，取其中的 1 份；

②5 个物体，例如"5 块糖"，其中的"1 块"占"5 块"的五分之一；

③5 个以上但是 5 的倍数，例如"15 块糖"，平均分为 5 份，取其中的 1 份；

④比 1 个多但比 5 个少，例如，"2 条巧克力"作为"整体"；

⑤比 5 个多但不能被 5 整除，例如，"7 根香蕉"作为"整体"；

⑥一个单独物体的一部分的五分之一，例如，一米的四分之三的五分之一。

其中集合模型特指②③④⑤。

（3）部分量模型。

J. Martin 总结出"整体 1"的第六种情况属于部分量模型。

上述六种情况不可能让学生同时学习，但学生逐步地经历这些"情境"对学习分数是非常必要的，尤其是①②③这三种情况。④⑤两种情况对于学生进一步理解"分数"与"除法"的关系是非常必要，情况⑥对于学生理解分数乘分数则是很好的"模型"。

（4）一个抽象的"量"：某项工程（略）。

（5）计量单位：米、时等（现实生活中不太用分数表示量。如$\frac{3}{4}$元）（略）。

一个单独物体的某一部分作为"单位1"（分数乘法）（略）。

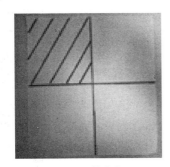 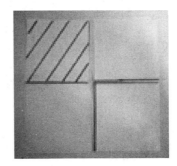

图2-18　学生作品　　　　图2-19　学生作品

由图2-18、图2-19可以看出，单位1具有相对性。图2-18的单位1直观，没有歧义。而图2-19的单位1就有了歧义，如果不加以约定每个学生就有不同的理解。

4．平均分的过程与份数：份数不同分数单位不同。

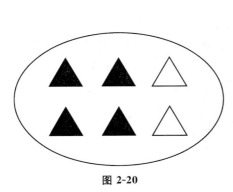 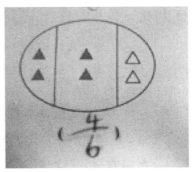

图2-20　　　　　　　　图2-21　学生作品

当平均分的份数有歧义时，需要进行约定。部分图形不能一下看出平均分的份数，这是否存在歧义？初步认识分数的份数到底是多少？10份以内是否有规定？

这些反映在教材上又是怎样的呢？下面请看我们对教材的梳理。

第二节 教材对"分数的本质"如何呈现

前述几个方面的问题无论是在分析教材还是在研究学生方面都非常重要，对于三年级的学生来说，分数的初步认识到底要学习到什么程度呢？教材又是如何呈现这些知识和问题的呢？我们对于该部分的教材进行了梳理。

一、"分数内涵"的教材分析

（一）小学阶段关于分数学习的不同要求

教材的纵向结构：

二年级上册相关内容：除法的认识与用口诀求商、倍的认识。

三年级下册相关内容：分数的初步认识、同分母分数加减法。

五年级上册相关内容：进一步认识分数的意义、比较分数的大小、分数与除法的关系，异分母分数加减法、分数基本性质。

五年级下册相关内容：小数、分数之间的关系，分数乘除法。

六年级相关内容：比的认识、按比分配、正比例和反比例。

三年级分数的初步认识揭示的是部分与整体的关系。如：4支铅笔的二分之一是2支铅笔。到五年级上册，分数的再认识加入分数表示量的含义，如：1升水的二分之一是二分之一升水。到六年级比的认识揭示的则是量与量的关系。通过这样的梳理，我们得出了结论：二年级上册倍的认识，三年级下册分数的初步认识以及六年级比的认识揭示的均是二者之间的关系，也就是我们通常所说的"率"。五年级上册分数再认识则揭示了分数的另外一层含义——"量"。二者共同构成了分数的含义。而这一切均建立在平均分的基础上。由此我们也更加深刻地意识到平均分在一系列相关知识中的重要性。

（二）三年级教材分析的框架

1. 单位"1"

由于分数知识的特点及学生年龄特点，教材中采用以下三种模型进行编排。分别是实物模型、面积模型和集合模型。对学生来说面积模型最直观，易于理解。所以面积模型贯穿始终。

4. 笑笑带来了一篮苹果，共 7 个。

红苹果占全部苹果的 $\dfrac{(\quad)}{7}$,

绿苹果占全部苹果的 $\dfrac{(\quad)}{7}$。

$\dfrac{(\quad)}{7} > \dfrac{(\quad)}{7}$

图 2-22　北师大版教材三年级下册"认识分数"

实物模型具有对称性，便于平均分。苹果，是集合，两个量构成一个集合，比画几个圈涂色要难，涉及两种物体构成一个整体，是否是三年级要求的，又如：男生是全班人数的几分之几？男生是女生人数的几分之几？

在认识以一个集合为整体 1 的过程中还采用了集合模型。一种是单位"1"的个数与分母大小相同，如图 2-23 所示。

在图 2-24 中，其中的一份，有的同学认为是三分之一，部分同学认为是六分之二。这其中是否存在歧义？其中的一份到底是三分之一，还是六分之二？因此在教学过程中应当让学生在操作中经历平均分的过程，在平均分的过程中，在分份数的过程中产生分数，表示分数，运用分数。

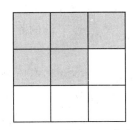

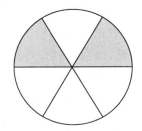

图 2-23　北师大版教材三年级下册
"认识分数"

图 2-24　北师大版教材三年级下册
"认识分数"

另一种是单位"1"的个数是分母的整数倍。如图 2-24 所示表示三分之一，这个比较难，首先要把 6 块扇形平均分成 3 份（每 2 块为一份）然后再取 1 份。就是三分之一。

观察教材可以看出，面积模型占了整个单元的 90%，而集合模型只占了 10%。

2. 平均分的份数

对于平均分的份数有些是没有争议的，即一下就能看出平均分成了几份。如图 2-25 所示。

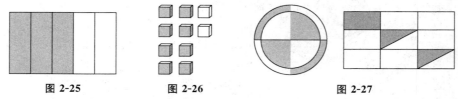

图 2-25　　　　　图 2-26　　　　　图 2-27
北师大版教材三年级下册"认识分数"

但是有些就不好分辨了，如图 2-26 所示，这些小方块到底是被平均分成了 5 份，还是 10 份？是表示五分之四还是十分之八，就出现了歧义。再如图 2-27 所示，这是教材上的一道思考题，第一个图怎么看？阴影部分占这个圆的几分之几？需要将阴影部分整合一下是四分之二。第 2 个图阴影部分是占这个长方形的九分之二还是十八分之四？因此，在三年级初步认识分数的学习时就需要一种约定。

二、"分数比较大小"教材分析

"分数比较大小"在北师大版教材三年级下册第五单元的第三课时，隶属于数与代数领域中数的认识部分，它是对数的认识的再完善、再理解。

在分数的大小比较中，我们是否也应该让学生感悟到 1 份的相同与不同（即分数单位的相同与不同）。

分数比较大小看似与整数和小数比较法则不尽相同，但其本质是有内在联系的。在本学段，分数单位相同时（同分母情况）比较分数单位的个数，分数单位不同时（同分子情况）比较分数单位的大小。到五年级分数的再认识时，通过通分统一分数单位后，还是比较分数单位的个数。可见，分数比较大小与整数和小数比较大小本质是一样的，都是比较计数单位及其个数。因而，分数大小的比较方法是可以借鉴整数和小数的大小比较方法的。

在北师大版教材中"比大小"这个内容的安排比较"简单"与"直接"，本课时分数大小的比较主要借助直观的图形，让学生通过看图，直观地比较两个分数的大小。这一安排与其他版本教材的安排是否相同呢？让我们一起来对比一下人教版和青岛版教材：

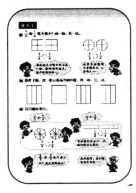
图 2-28 北师大版

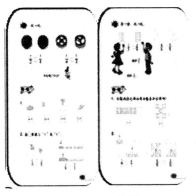
图 2-29 人教版

图 2-30 青岛版

在对比中我们发现：

1. 直观图是分数初步认识中必不可少的重要方式，每个版本的教材中都充分利用了直观图理解分数的大小关系。

2. 人教版和青岛版提供了更为丰富的模型，除了面积模型外，还加入了数线模型（或线段模型），为后续的数与数线上的点一一对应，即数轴中认识分数做了铺垫。

3. 在人教版和青岛版中，都将从"分数单位"角度理解、比较分数的大小明确写在教材中。

4. 对于分子相同、分母不同的两个分数比较大小，各版本也均有涉及，主要是比分子为"1"的两个分数（即比分数单位的大小）。

我的思考：

1. 分数单位的概念在北师大版教材中并未明确提出，而对分数单位（即 1 份）的认识是分数比大小的一个重要基础和前提，教学中该如何处理和侧重呢？

2. 直观图是学生学习分数的重要媒介，但什么时候用、用哪种以及怎么用是个值得思考和尝试的问题。

三、"同分母分数加减法"教材分析

我的困惑：

1. 同分母分数加减法是学生接触分数加减法的第一课，它与整数加减法有什么区别？

2. 整数加减法的学习经验对分数加减法有哪些学习经验可以让学生借鉴？

从加减法运算的角度看，加法的含义是合并求和，直观理解就是数数，而且顺着数数；减法的含义是相减和求差，直观理解就是从一大堆物体中去掉一部分，数一数，剩下有多少个。可见，数数是加减法中的直接学习策略。在学习整数加法时，学生中经历了"手指计数—顺着数数—借助数的组成"这样三个阶段得出结果。这些学习策略完全可以延续到同分母分数加减法中的。然而，同分母分数加减法与整数加减法不同的是，整数加减法就是相同计数单位的个数不断累加或累减的过程，同分母分数加减法是相同分数单位的个数不断累加或累减的过程。整数计数单位是十进制，有规律；分数的计数单位非常多样，没有规律。学生虽然可以借鉴整数加减法学习经验，但由于分数单位的多样性，给学习同分母分数加减法带来了不可避免的困难。

从数的认识角度看，学生学习了整数的认识、分数的认识，五年级还要学习分数的再认识。其中，本单元前两课分数意义的学习对于本节课也就至关重要。同分母分数加减法，学生既要借助加减法的学习经验继续学习，同时又要兼顾分数意义理解，同分母分数加减法就是相同分数单位的个数不断累加或累减。因此，本节课的学习又是对分数意义的再理解。

横向对比：

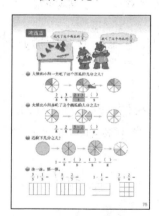

图 2-31　北师大版

图 2-32　人教版

图 2-33　青岛版

北师大版教材和青岛版教材注重从数分数单位的个数来学习，而人教版教材是从加法运算的角度理解分数加减法。

我的思考：

通过对教材纵向梳理和横向对比的分析，我们发现教材是在对分数意义的基础上学习同分母分数加减法的。三个版本的教材都通过数分数单位的个数来学习同分母分数加减法，这一点与整数加减法的方法是类似的。

不同的是，整数加减法是以十进制的计数单位不断累加或累减，而同分母分数加减法是以不同进制的分数单位不断累加或累减的结果。分数单位以及分数结构的特殊性势必影响学生的学习，给同分母分数加减法带来负迁移。

第三节　学生了解分数吗？我们了解学生吗

基于前面的理论学习和教材分析，我们对学生的知识基础和学习困难进行了分析。影响学生认识分数的主要有两个方面，分别是智力活动的双重操作和感性知识经验的支持。学生在理解单位"1"方面存在一定的困难，尤其是单位"1"是计量单位、集合的时候困难更多。同时，当平均分的份数存在歧义时学生也不好理解。

一、"分数初步认识"四次调研为哪般

皮亚杰等在对学生的试验中也发现，丰富的经验为学生们认识分数的面积模型打下了坚实的基础。据此，我们做了以下调研。

1. 第一次调研

调研对象：三(2)班 34 名学生。

调研题目：你知道什么是分数吗？

表 2-1　学生问卷调研结果统计表

	知道	不知道
人数	4	30

这就是学生的起点吗？学生是不是有学习分数更多的潜力呢。据此我们又做了第二次调研。

2. 第二次调研

调研对象：三(2)班 34 名学生。

调研题目：请用你喜欢的方法任意表示一个分数。

表 2-2　学生问卷调研结果统计表

	空白	小数	画图	写分数
人数	3	2（99.5 分 1 人）	9	20

通过本次调研我发现实际上部分学生对分数有一定的认识。

学生作品如下：

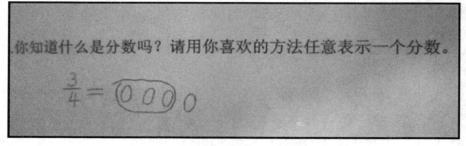

图 2-34　学生作品

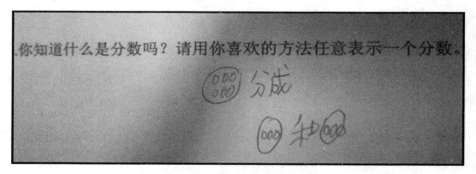

图 2-35　学生作品

图 2-36　学生作品

图 2-37　学生作品

2.你知道什么是分数吗？请用你喜欢的方法任意表示一个分数。

99.5分

图 2-38　学生作品

2.你知道什么是分数吗？请用你喜欢的方法任意表示一个分数。

图 2-39　学生作品

由此可以看出学生对于分数的读法、写法不是十分了解，有平均分的意识，但没有严格保证。因此我们又进行了第三、第四次调研。

3. 第三次调研

调研对象：三(2)班 34 名学生。

研究题目：你听说过 $\frac{1}{2}$ 吗？

表 2-3　学生问卷调研结果统计表

	听说过	没听说过
人数	22	12

4. 第四次调研

调研对象：三(2)班 34 名学生。

调研题目：动手折出正方形的 $\frac{1}{2}$。

表 2-4　学生问卷调研结果统计表

	正确	错误
人数	27	7

图 2-40　学生作品

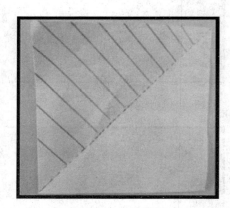

图 2-41　学生作品

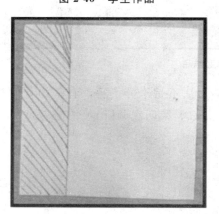

图 2-42　学生作品

图 2-43　学生作品

5. 我们的思考

通过以上的学生调研，我们得出结论：学生有平均分的意识，但不能严格保证平均分。学生的生活概念、日常语言对他们认识分数有一定的负迁移。

二、"分数比大小"调研、访谈及课堂观察

经历了近 3 年的学习，学生已经积累了整数比大小和简单的小数比大小的经验，当他们面对两个分数比大小时：

1. 学生是否会将之前的比较大小的经验迁移过来？

2. 学生会采取怎样的方法、经历怎样的路径去比较两个分数的大小呢？

带着这些疑问，我对学生进行了学前调研及谈话。

第一次学生调研：

调研对象：三(2)班 34 名学生。

调研题目：你知道下面每组中的两个分数谁大谁小吗？请把你的想法及思考过程记录下来。

$$\frac{2}{8} \bigcirc \frac{5}{8} \qquad \frac{1}{8} \bigcirc \frac{1}{5}$$

表 2-5 学生调研结果统计表

题目	答案	人数	百分比/%	思维路径
$\frac{2}{8} \bigcirc \frac{5}{8}$	正确	31	91.2	$2 < 5$
		1	2.9	$\frac{1}{8} + \frac{1}{8} < \frac{1}{8} + \frac{1}{8} + \frac{1}{8} + \frac{1}{8} + \frac{1}{8}$
	错误	2	5.9	比的剩余部分
$\frac{1}{8} \bigcirc \frac{1}{5}$	正确	28	82.4	平均分的份数多，一份就少。
	错误	6	17.6	分子和分子比较，分母和分母比较

从以上调研我们可以看出：

1. 对于同分母分数比大小：从表中可以看到正确率很高，达到 94.1%，大多数学生能够通过画图观察，看出 2 份 < 5 份。但当我们继续对这部分学生进行访谈时发现，这当中的大多数学生不能够解释比较 2 份和 5 份就能比较出 $\frac{2}{8}$ 和 $\frac{5}{8}$ 的大小了。只有个别学生能够从分数单位的角度解释为什么只比较 2 和 5 就可以比较 $\frac{2}{8}$ 和 $\frac{5}{8}$ 的大小。同时，我们还发现 2 个学生在操作层面还不

能理解 $\frac{2}{8}$ 和 $\frac{5}{8}$ 的意义，也就无法正确判断这两个分数的大小。

2. 对于同分子分数比大小：正确率相对较低。大部分学生仍旧可以通过操作画图比较这两个分数的大小，但他们比较的只是一份的大小，并不清楚比较一份的大小就是在比较分数单位的大小。在答案错误的学生中，我们可以看出他们认为在分子相同的情况下，看分母，只要分母大的分数就大。由此可见，学生的头脑中理解的分数仍然是整数，他们仍然将分数的分子和分母割裂开来看，还不能将分数的分子与分母联系起来理解分数，将分数作为一个数来看。

我的思考：

1. 学生对分数比大小的学习，仅仅停留在直观观察的基础上是不够的。能否在分数比较大小的过程中从分数单位和分数单位个数的角度深入理解分数的意义？

2. 学生对单位的感觉是比较薄弱的。这个"1 份"该如何凸显？如何使用模型才能让学生对分数单位产生认识？

课堂观察 1

观察对象：三(2)班 34 名学生。

观察目的：设计怎样的活动能凸显分数单位，让学生对分数有进一步的认识，从而比较出分数的大小？

观察题目：$\frac{2}{8}$ ○ $\frac{5}{8}$。(1)2 和 5，怎么比大小？动手摆一摆，怎样能明显看出 2＜5？

(2)提示：取出两个圆分别表示出这两个分数，摆一摆、比一比。

表 2-6　课堂观察结果统计表

比较的方法	人数	百分比/%	备注
	28	82.4	方法 1：直接比份数 方法 2：重叠在一起比

续表

比较的方法	人数	百分比/%	备注
	6	17.6	
	20	58.8	引导： 为什么从 2＜5 就能判断 $\frac{2}{8}<\frac{5}{8}$？你能像刚才比较整数那样摆一摆、比一比，让我们看出这两个分数的大小。

从以上课堂初步尝试我们发现：

1. 对于同分母分数比大小，直接观察图比份数和重叠比是学生通常会想到的方法，我们也欣喜地发现有部分同学为了突出这两个分数，又将 2 份和 5 份取下来比大小，在与前面方法进行对比的过程中，大家一致认为这种方法更加明显。

2. 在回答"为什么从 2＜5 就能判断 $\frac{2}{8}<\frac{5}{8}$"这个问题时，学生就主动地把合在一起的 2 份和 5 份分开，变成 2 个 $\frac{1}{8}$ 和 5 个 $\frac{1}{8}$ 进行比较，在此过程中，学生能清晰看到、并感觉到分数单位的"存在"。

课堂观察结论：

通过以上课堂观察可以看出："分一分（破开）、摆一摆（一一对应）"的活动不仅能让学生比出两个分数的大小，还让分数单位得以凸显，让"分数单位"落在纸上、留在学生头脑中。

课堂观察 2

观察对象：三(6)班 34 名学生。

观察目的：了解学生在比较 $\frac{2}{8}\bigcirc\frac{5}{8}$ 这种分子相同的两个分数时，比的是什么。

观察题目：你知道下面这两个分数谁大谁小吗？$\frac{2}{8}\bigcirc\frac{5}{8}$

表 2-7　课堂观察结果统计表

比较的方法	人数	百分比/%	备注
因为 8＞5，所以 $\frac{2}{8}\bigcirc\frac{5}{8}$	2	5.9	
	29	85.3	进一步追问：都是 3 份，你比的是什么？学生又会进一步指出比 1 份的大小。
	3	8.8	

课堂观察结论：

回顾第一次学生调研中的题目 $\frac{1}{8}\bigcirc\frac{1}{5}$，学生知道比较两个图中的 1 份大小，但由于分数本身分子就是 1，学生对"1 份"的体会并不明显。但当我们把两个分数的分子都变成 2 时，学生的注意力会自觉从两份聚焦到"1 份"，使得分数单位得以凸显。

三、"同分母分数加减法"学生的错误源于什么？

问题提出：

1. 学生计算同分母分数加减法时会有哪些错误？这些错误是否是整数加减法的负迁移造成的？

2. 学生在解决同分母分数加减的问题时，会有哪些思维路径，每一种思维的背后支撑的知识是什么？

带着这样的思考，我对 33 名学生进行了学前调研。

调研题目 1：$\frac{2}{6}+\frac{3}{6}=$？写出你的计算过程及思考过程。

表 2-8　学生调研结果统计表

	结果	人数	思考过程		人数
正确结果	$\frac{5}{6}$	24	能解释 （有5人用两种方法）	数块数　$2+3=5$，结果为$\frac{5}{6}$	24
				$\frac{1}{6}+\frac{1}{6}+\frac{1}{6}+\frac{1}{6}+\frac{1}{6}=\frac{5}{6}$	3
			不能解释		2
错误结果	$\frac{5}{12}$	8	$\frac{2}{6}+\frac{3}{6}+\frac{2+3}{6+6}=\frac{5}{12}$		
	$\frac{5}{7}$	1			

有 11 人需要关注。

调研题目：妈妈买来一块蛋糕，小明吃了这块蛋糕的$\frac{3}{8}$，小红吃了这块蛋糕的$\frac{2}{8}$，两人一共吃了这块蛋糕的几分之几？

表 2-9　学生调研结果统计表

	结果	人数	思考过程		人数
正确结果	$\frac{5}{8}$	30	能解释 （有6人用两种方法）	数块数　$2+3=5$ 结果为$\frac{5}{8}$	27
				$\frac{1}{8}+\frac{1}{8}+\frac{1}{8}+\frac{1}{8}+\frac{1}{8}=\frac{5}{8}$	9
			不能解释		1
错误结果	$\frac{5}{16}$	2	$\frac{2}{8}+\frac{3}{8}+\frac{2+3}{8+8}=\frac{5}{16}$		
	$\frac{3}{8}$	1			

有 4 人需要关注。

我的思考：

为什么有了情境后，学生的错误会减少，减少的 5 个人真的理解了吗？

于是，我对这 5 名学生进行访谈。

脱离情境后，再看$\frac{2}{6}+\frac{3}{6}=$？学生会问：这是一块蛋糕还是两块蛋糕？

可见，这些学生虽然在情境下算出了正确结果，但是他们对于分数的整体 1 是不理解的。这些错误的出现一方面是整数加减法带来的负迁移；另一方面是学生对分数意义的不理解。

第四节　妙不可言的"分"与"数"

基于以上的研究我们进行了课堂实践。

一、"认识分数"教学实践

【核心思想】1. 认识和体会单位1。

2. 平均分与平均分的份数。

3. 体会分数的意义。

【主要环节】

由于第一课时的单位1主要以面积模型为主，主要是单位1的含义。因此平均分及平均分的份数对于分数的认识非常重要。

围绕以上提出的问题及教学目标，我们设计分数初步认识的第一课时。

首先通过实际问题情境中的需要，使学生理解和体会分数产生的必要性，同时介绍分数的读法与写法。由于学生对于一半较好理解，所以我们选择用二分之一引入。

由于学生对于二分之一这个分数已经有了一定的认识。紧接着设计学生动手操作，用折一折、画一画的方法找到图形的 $\frac{1}{2}$。使学生经历平均分的过程，认识平均分的重要性，初步认识二分之一。

环节一：任选一个图形，折一折，找到它的二分之一，并表示出来。

设计意图：认识二分之一，并经历平均分的过程，初步感知同一个图形可以产生不同的二分之一，不同的图形也可以产生二分之一。二分之一与图形的大小、形状无关。

分数初步认识的第一个课时中单位1主要是面积模型，且学生对于面积模型能较好地接受与理解。因此我在第二个活动中选取了正方形、小六边形、大三角形作为教学的载体。请同学们找到剩下图形的 $\frac{1}{2}$。然后通过展示两个图形，让学生观察、讨论，得出结论。

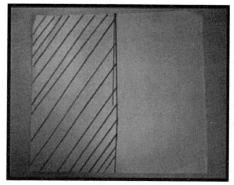

图 2-44　学生作品

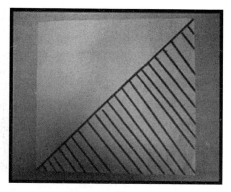

图 2-45　学生作品

　　通过同一个正方形的不同分法，让学生体会同一个正方形可以产生不同的二分之一。二分之一与形状、分法无关。然后通过对比小六边形与大三角形的二分之一，使学生观察、讨论，得出结论。

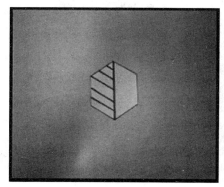

图 2-46　学生作品

图 2-47　学生作品

　　通过不同图形的同一种分法，让学生体会不同的图形也可以产生 $\frac{1}{2}$。$\frac{1}{2}$ 与图形的形状、大小无关。同时强调 $\frac{1}{2}$ 既可以表示这个小六边形的 $\frac{1}{2}$，也可以表示大三角形的 $\frac{1}{2}$，因此要说清是谁的几分之几。

　　环节二：用纸条折一折，画一画想研究的分数。

　　设计意图：主要分为以下几个层次：①分子是 1，分母是 2 次幂。②分子不是 1 的分数。③分母不是 2 次幂的分数。了解几分之一与位置、形状无关，认识几分之几的意义，体会平均分的重要性与方法。

学生通过长方形纸条自己创造分数、研究分数。将学生的分数进行展示与比较。

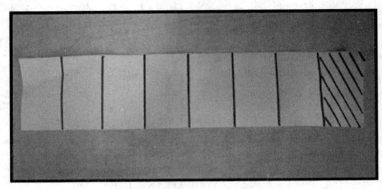

图 2-48 学生作品

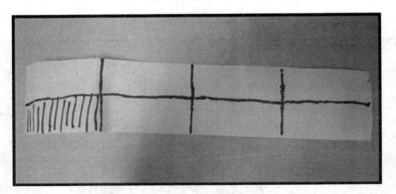

图 2-49 学生作品

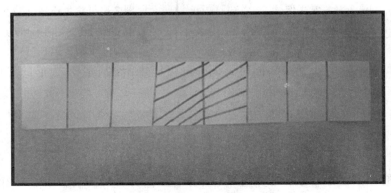

图 2-50 学生作品

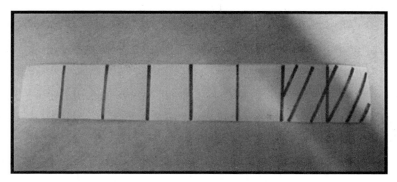

图 2-51　学生作品

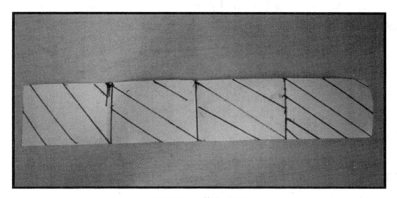

图 2-52　学生作品

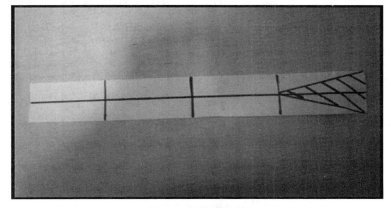

图 2-53　学生作品

环节三：展示几分之一。

设计意图：学生自主探讨，发现同一张纸条平均分的份数越多，每份就越小，这样对折下去有无限个分数。构建分数墙，丰富学生对分数的认识，更好地体会分数的特点。

第一次上课结束之后，通过学生的反馈、教师对课堂的观摩，我们发现这样的教学虽然较之于以前能使学生更好地理解分数，但是也存在一定的问题。主要问题是：

(1)第一次活动是找圆的二分之一，第二次还是找其他图形的二分之一。学生对于二分之一有了一定的认识，因此学习兴趣不浓。

(2)对于最后一个活动的展示缺乏层次性。

因此，在专家的建议之下，我们进行了一定的修改。主要修改内容有：

(1)取消第一次折圆的二分之一。直接将圆与其他图形放在一起，让学生选择一个图形找到它的二分之一，并且鼓励学生创新。

(2)通过一些活动与练习，增加学习的深度与趣味性。

(3)将最后一个活动划分为三个层次，分别是：①分子是 1，分母是 2 次幂。②分子不是 1 的分数。③分母不是 2 次幂的分数。

在深入认识二分之一的第一个活动中，学生中出现了一些创新的方法。

下面这幅图学生除了对称还认识到了平均分的其他方法，只要是平均分成两部分，其中的一部分就可以用二分之一表示。

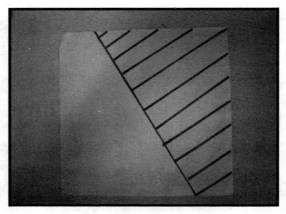

图 2-54　学生作品

图 2-55 所示的作品有的同学认为是二分之一，有的同学认为是四分之二。

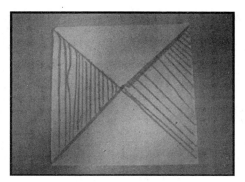

图 2-55 学生作品

虽然分成了四个部分，但仍然可以用二分之一来表示。

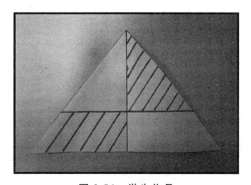

图 2-56 学生作品

图 2-57 所示是一种特殊的八分之一，但是也有同学认为是十六分之二。

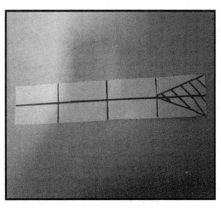

图 2-57 学生作品

在第三个活动中，也出现了一些调整。先展示的是 $\frac{1}{4}$，$\frac{1}{8}$，$\frac{1}{16}$，让学生自主探究发现同一张纸条平均分的份数越多，每份就越小，这样对折下去有无限个分数。然后展示 $\frac{1}{8}$ 和 $\frac{2}{8}$，最后展示 $\frac{1}{3}$，$\frac{1}{6}$ 等。

同时增加了两个练习以巩固和丰富学生对分数的认识。

(1)哪个图形的黑色部分等于它的 $\frac{1}{2}$？

(2)哪个图形的黑色部分小于它的 $\frac{1}{2}$？

(3)哪个图形的黑色部分大于它的 $\frac{1}{2}$？

三角形的涂色部分可以用分数表示吗？

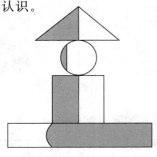

图 2-58

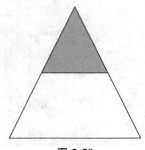

图 2-59

第二次讲课学生能够很好地认识分数的本质与结构，但是仍然存在一定的问题：

1. 学生不能很好地区分 $\frac{1}{2}$ 与 $\frac{1}{4}$。

2. 学生对于规范用语和量率感触不深。

3. 对分数的意义理解较多，但是对于分数的写法联系较少。

因此针对以上问题，我组教师通过研究及与专家的交流，我们对"认识分数"进行了再次调整：

1. 在讲课时渗透分母表示平均分的份数，平均分成多少份，分母就是多少。

2. 在板书上加一句"阴影部分是××的二分之一"。加深学生对规范语言的印象。

3. 在创造分数这个环节中加了一个"在背面写出你要研究的分数"。

4. 构建分数墙，丰富学生对分数的认识，更好地体会分数的特点。

同时我们还调整了练习。

下图的涂色部分可以用 $\frac{1}{2}$ 表示吗？

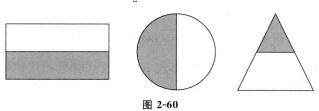

图 2-60

然后再现最后一题，最后一个图形不能用 $\frac{1}{2}$ 来表示，那能不能用其他分数表示呢？

同时出现分数墙。

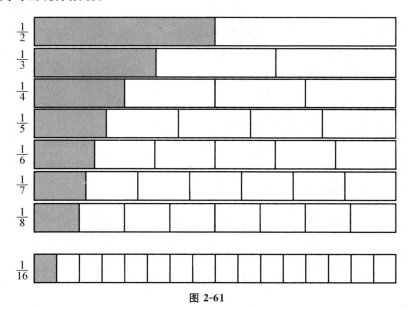

图 2-61

学生不仅能够认识分数，并且能够把握分数这个概念的本质与结构，同时分数单位的渗透不仅有助于学生理解分数的本质，同时也为学生以后分数的学习打下基础，对数有了更多的认识。

二、"分数比较大小"教学实践

环节一：比较整数 2 和 5，回忆比较的方法。

设计意图：本环节比较整数的大小，回忆比较的道理，为后面学习分数的比较大小奠定基础。

环节二：比较同分母分数 $\frac{2}{8}$ 和 $\frac{5}{8}$，理解比较的道理。

设计意图：针对于同分母分数比大小，在直接观察图比份数和重叠比的基础上体会 2 份和 5 份取下来比大小，更加明显。在回答"为什么 $2<5$ 就能判断 $\frac{2}{8}<\frac{5}{8}$"这个问题时，通过把合在一起的 2 份和 5 份分开，分成 2 个 $\frac{1}{8}$ 和 5 个 $\frac{1}{8}$ 进行比较，使学生能清晰地看到、并感觉到分数单位的"存在"。

环节三：比较同分子分数。

设计意图：学生在比较分子是 2 的两个分数时，从开始比较两份的大小聚焦到比较"1 份"大小，使得分数单位得以凸显。

环节四：与整数沟通。

设计意图：分数的复杂性与整数截然不同，本节课通过分数的比较大小，使学生对分数有了一次新的认识。

三、"同分母分数加减法"教学实践

"同分母分数加减法"这一课，教材用了一个圆的不同变化来呈现这个加的过程。注意：这之间用的是箭头图 2-62。

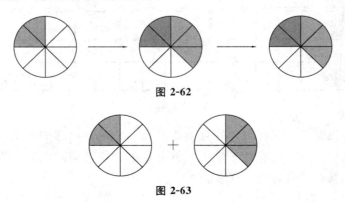

图 2-62

图 2-63

　　而以前的教材呈现的是两个圆相加(图 2-63)，为什么教材改变了同分母分数相加的模型表现形式？这是因为第二种呈现形式容易造成学生将两个圆分得的份数加起来。因此我们认为借助什么样的直观模型来理解算理，是非常重要的。据此我们提出了以下要研究的问题：

　　(1)算理到底是什么？要求到什么程度？

　　(2)同分母分数加减法的计算过程是否需要严格要求？是否简单问题复杂化？

　　(3)直观模型、语言表达与抽象分数加减法算式如何有机结合？

　　调研中的问题及结果分析，已经为我们指明了"道路"。

【核心思想】　渗透分数单位来计算。

【核心环节】

环节一：计算八分之二与八分之三的和。

　　设计意图：只为学生提供一个圆形纸片帮助他理解算理，在过程中利用单位"1"的个数理解同分母分数加减法的算理。

环节二：计算八分之三与八分之二的差。

　　设计意图：让学生借助直观模型理解题意，然后通过语言表达出自己的想法，也就是计算过程，最后将自己的想法抽象出分数加减法算式。

第五节　课例反思

一、"认识分数"教学反思

　　"分数的初步认识"主要是让学生初步认识几分之一并且能比较它们的大小，从而知道分数在生活中的应用。但是由于分数的概念比较抽象，只根据字面的意思根本不能很好地掌握，因而这节课我以"长方形"和"圆形"纸片为道具，让学生通过观察、比较去发现数学知识。本节课的设计有以下几个特点：

(一)找准学生学习新知的"最近发展区"，在大背景下认识分数

　　分数对于学生来说是陌生的，如何将这一全新的知识内化为学生自身的知识呢？这就需要找准学生学习的"最近发展区"。教学时，从学生熟悉的"一半"入手，明确一半是怎么分的，从而引入用一个新的数来表示所有事物的"一半"。

(二)加强直观教学，降低认知难度

　　分数的知识是学生第一次接触，是在整数认识的基础上进行的，是数的概念的一次扩展。对学生来说，理解分数的意义有一定的困难。而加强直观教学可以更好地帮助学生掌握概念，理解概念。本节课重视学生对学具的操作，通过折一折、画一画等操作加深学生对分数含义的直观认识。并充分利用多媒体课件的演示来加强直观教学，让学生加深对分数概念含义的理解，降低了对分数概念理解上的难度。特别是通过多次对比突出分数的含义，让学生在参与和经历过程中充分体会分数的含义。

(三)环节清晰，层层递进

本节课通过环节的层层递进，使得学生对分数的认识逐步加深。通过对比认识到分数与平均分的方法、大小、形状无关，与取的位置无关。并且在此过程中体会，同一个图形，分得份数越多所得的每一份就越小。

通过此次研究我们对于分数有了更多的认识和理解。帮助学生理解和把握分数概念的本质与结构。三年级的单位"1"主要以面积模型为主，集合模型中分为单位"1"的个数与分母相等和单位"1"的个数是分母的整数倍。而平均分的份数一般都小于等于10。当出现分的份数有歧义时应该有一个统一的约定。三年级分数的认识只涉及对分率的认识。

而对于学生来说，他们有平均分的意识，虽然生活中出现过分数的感性认识，但是其生活经验与日常语言对于学生认识分数具有一定的负迁移，这是因为学生并没有真正把握和理解分数的本质与结构。

因此，在教学中要借助多种直观模型理解分数的本质与结构；通过对整体"1"的不断变化，加深对分数本质与结构的理解；在对比理解中，体会分数的本质与结构；利用具体的物体、图形或情境理解和把握分数的本质与结构。

二、聚焦知识本质，创设有效活动，沟通知识联系

在以往的教学过程中很少花心思在这节课上，总觉得在做题的过程中绝大部分学生不用教都会，而且即便是有个别学生出错，通过学生间的交流，多做几道题后学生自然而然也就对了，没什么可研究的。所以这个内容是被大多数教师忽视的，这个知识它承载的是什么？教材为什么把大家认为不教自会的内容安排在一节新授内容里，原因是什么？经过这次静下心来潜心思考，发现这节课中也暗含着一些门道。

(一)把握单元教学，聚焦知识本质，比较的同时进一步理解分数内涵

小学阶段有关数的大小比较包括自然数大小的比较，小数大小的比较，

分数大小的比较，它们都是在数的认识单元下的一个内容。也就是说，我们要进行分数比大小，首先要认识分数，理解分数的内涵。通过前面对教材和学生的分析，从现实的角度认识分数，只有学生经历并体验了把一个"整体"平均分为各个部

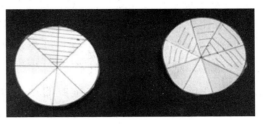

图 2-64

分所"关注"的部分与整体之间的关系可以用一个新的数来表示之后，才可以给出分数的"符号"表示，并建立"行为"与"符号"之间的一一对应关系，只有经历这样的过程，学生才能逐步理解分数概念。即学生理解分数是从"行为"分数开始的。而在小学阶段，所能理解的也正是这样的行为分数。除此以外，分数的意义还应该是"任何一个分数都是其分数单位累加的结果"（如同自然数、小数的组成与分解），即先有"分数单位"，再数出单位的个数，个数与分数单位相乘的结果就是"分数"。

　　鉴于学生理解分数的困难程度，我们在教学分数时，时刻让学生多体会分数的意义。为了让学生经历产生分数的过程，在教学过程中设计了把"整体"也就是给定的圆模型平均分，使学生关注涂色部分与整体之间的关系，得到分数。因此，本节课中在对分数 $\frac{2}{8}$ 和 $\frac{5}{8}$ 进行大小比较前，让学生先得到这两个分数。要先把给定的圆模型"1"进行平均分，学生在得到分数的过程就是理解分数的过程。以 $\frac{2}{8}$ 和 $\frac{5}{8}$ 为例，学生得知道先把圆形"1"平均分成 8 份，分别在一个圆中表示出其中的 2 份，在另一个"1"中表示出 5 份（图 2-64），得出 $\frac{2}{8}$ 和 $\frac{5}{8}$。在这个过程中，较之直接给定两个分数，又让学生在产生分数的过程中再一次从分数产生的角度理解了分数意义，使我们的教学更扎实、更有效。

（二）数的大小比较的方法的本质

　　在学习分数比较大小之前，学生学习了自然数比较大小、小数比较大小，那么分数比较大小的方法是什么？和自然数比较大小以及小数比较大小的方法之间是否有联系呢？回顾自然数比较大小和小数比较大小，都是先从最高位比起，然后相同计数单位的个数进行比较，进而比较出大小结果。本节课分数大小的比较，一类是同分母分数进行比较；另一类是比较分数单位的大

小，实际上也就是异分母分数比较大小，分数大小的比较方法虽然比自然数和小数比较稍微复杂一些，但是我们同样也能发现，同分母分数比较大小，需要比较分数单位的个数；异分母分数比较大小时，需要通分，进一步统一分数单位，把异分母分数转化成同分母分数，然后依然借助分数单位的个数进行大小的比较。纵观小学阶段的数的大小比较，我们不难发现：小学阶段的自然数的大小比较、小数的大小比较、分数的大小比较，它们之间有着本质的联系，即都是计数单位及其个数的比较。

由此，我认为，学生正确的继续比较分数大小的过程，就是他对分数的内涵的理解的过程：对分数的意义的理解，对相同计数单位的个数的理解。这里提到的计数单位，在分数中也就是分数单位。由此可见，对分数单位的认识和理解，对于分数比较大小而言，有着举足轻重的作用。

（三）灵活使用教材，在认识分数单位基础上比较大小

分数单位对于学习分数而言，作用到底是什么？难道仅仅是因为学习分数比较大小吗？如何让学生在认识分数的过程中体会到分数单位的存在，理解分数单位的意义呢？

从数学发展史上看，分数产生于人类的测量活动，而且人类认识分数是从认识分数单位开始的。用分数单位度量一个量时，所得的结果一般是用分数表示的。也可以说，分数是由量与分数单位（度量单位）的倍比关系产生的。分数单位的重要性可见一斑。

在沟通知识的本质，总结比较大小的方法时，计数单位和分数单位很重要，既然认识分数单位对于学习分数的比较大小那么重要，但是仔细看北师大版教材的编写，在三年级的教材中并没有强调"分数单位"，也没有强调分数单位的个数。那么在学生的学习过程中是否有必要让学生在进一步理解分数意义的同时，也能关注到分数单位呢？

在前测和课堂观察中我们不难看出，在对 $\frac{2}{8}$ 和 $\frac{5}{8}$ 进行比较时，一部分学生能够很快得出 $\frac{2}{8} < \frac{5}{8}$，知道比较 $2 < 5$ 就可以了，但是当问及为什么时，学生支支吾吾，却不能很快从分数中分析出分数单位 $\frac{1}{8}$，2 个 $\frac{1}{8}$ 和 5 个 $\frac{1}{8}$ 进行比较，只需要比较分数单位的个数就可以了。由此可见，看似简单的同分母分数比较大小，对于学生来说，能够清晰地说清理由也不是一件很容易的事。

他们很难看到一份（分数单位）是相同的，为了让学生进一步理解分数意义，对于分数单位的认识是必要的。

（四）创设操作活动，加深理解分数意

在课堂观察中，学生对于$\frac{2}{8}$和$\frac{5}{8}$的比较错误率相对较高，这是为什么呢？我有幸拜读了汪光珩老师在"儿童早期数学单位概念的发展"一文中写到，单位概念的发展在儿童学习分数的过程中具有十分重要的意义。如果儿童在理解单位概念时有困难，那么在建构分数意义时就会出现问题。例如，儿童在认识分数时常常认为，分数的分母增大，其值也变大，而不是变小。这与儿童难以理解单位大小与数量间的反函数关系有关。索菲安（Sophian）认为，儿童是通过数数的方式来确定单位的数量的，因此儿童的数数能力与儿童对单位大小与数量间关系的认识显著相关。由于儿童知道数序在后的数比数序在前的数大，而当单位数量增多时，实际上分数反而变小了，如3比2大，但$\frac{1}{3}$比$\frac{1}{2}$小，因此儿童对单位大小和数量间关系的错误认识会影响儿童正确地认识分数。

图 2-65 学生作品

在比较$\frac{2}{8}$和$\frac{5}{8}$时，通过学生亲自动手，摆一摆，为了让学生能够在比较分子是2的两个分数时，可以借助前面比较$\frac{2}{8}<\frac{5}{8}$的经验，从开始比较两份大小，聚焦到比较"1份"也就是比较$\frac{1}{8}$和$\frac{1}{5}$大小，使得分数单位得以凸显，学生通过这样一份一份的一一对应，理解了因为$\frac{1}{8}<\frac{1}{5}$，所以2个$\frac{1}{8}<$2个$\frac{1}{5}$。

（五）前后对比，沟通知识间的联系

数学知识具有很强的系统性，很多新知识都是在已有知识的基础上形成和发展起来的。也就是说，前面的知识是后面知识的基础，后面知识是前者

的发展，数学知识间是相互联系的，从而形成数学知识的整体性和连续性。对小学生来说，注重数学知识的整体性，理解和领会数学知识间的联系，才能真正把握数学知识的本质，提高解决实际问题的能力。因此在教学中我们通过整数比较大小的引入，唤起学生对于一一对应比较大小的方法的回顾；通过同分母分数的比较方法与整数比较大小方法的对比，渗透比较方法的一致性；通过强调分数单位的理解，使学生进一步沟通了数概念——都是计数单位个数的累加。在实践中反思，在反思中成长，使教学之路越走越坚实。

【结束语】

借助多种直观模型理解分数的本质与结构；通过对整体"1"的不断变化，加深对分数本质与结构的理解；在对比理解中，体会分数的本质与结构；利用具体的物体、图形或情境理解和把握分数的本质与结构。

通过为期半年的研究与思考，我组教师深深认识到理解把握数学概念的本质与结构是高效教学的基础。只有理解和把握数学概念的本质与结构，我们才能吃透教材，读懂学生。在课堂上帮助学生理解知识的本质与结构，建构有效的教学。

第三章　永不停歇的齿轮

——一、二年级"时间的认识"单元的教学研究[1]

引　言

时间是一个概念，这个概念古已有之，但时间究竟是什么，我们始终无法准确地给出答案。正如奥古斯丁所说，关于时间，不问，我还知道；一问，我就茫然。

1000 多年来，人们一直都在寻找这个问题的答案。比如，在古希腊，时间的定义问题对哲学家的困扰更甚于对数学家的困扰。在伽利略的伟大发现之后，牛顿把时间最终定义为数学上的量。但是，这位伟大的英国科学家认为，时间是一个被神秘气息所覆盖着的客体，因为时间独立于任何物体，在一切之上，是绝对的。时间与圣人是如此接近，以至于上帝被比为一座钟。爱因斯坦认为，时间一点也不像是大自然里的一条"自由自在的狗"，而是一个实实在在的尺度。即使在今天，我们仍然不能像定义任何一个实际的事物那样给时间下一个定义。

时间是一个过程，无论你做什么，这个过程始终存在。时间是一种延续，所有事物都在这种延续之中。它是不能有一点曲折的，也是不可躲避的，是一种永恒，一种必然，是容纳所有空间和历史的抽象概念！时间就像一部永不停歇的齿轮一样，一直运转着，时间的内涵这么丰富，那么面对一、二年级的学生，我们该通过怎样的教学将这么丰富的内涵传递和渗透给学生呢？对此我们进行了深入的思考。

思　考

面对这样一个抽象的概念，面对即将学习这部分内容的学生，我们产生了以下的困惑：

---

[1]　本研究报告由肖英、邵钦、张缅科执笔。

1. 时间到底是什么？
2. 小学生学习时应该从哪些方面理解时间？
3. 怎样的活动和经历能够让学生对时间有感知并能正确认识时间呢？

第一节　基于文献理解时间的特性

时间究竟是什么？《现代汉语词典》将时间解释为：物质存在的一种客观形式，由过去、现在、将来构成的连绵不断的系统。是物质运动、变化的持续性表现。时间的这一定义是小学生无法理解的，它只是生活中常用的一个概念，时间具有怎样的特性呢？

一、时间的特性

对于时间我们虽然不能让学生准确地理解它的定义，但我们还是能够感受到它的一些特性：（摘自刘加霞 对于"时间"，我们了解多少）

（一）流动性

时间是由时刻组成的，当时间只有一个时刻组成时，时间是静止的，当时间由两个或两个以上时刻组成的时候，时间便显示出了它的流动性。时间的流动性体现在从某一时刻到另一时刻的过程。世间的万物都是随着时间的流逝而运动，因此说时间与运动关系紧密。

（二）方向性

时间总是从过去向未来流动，它是不可逆转的。过去、现在和将来密切相连，它们的位置顺序不能颠倒。

（三）主观体验性

人对时间的体验具有非常强的主观性，客观发生与主观体验是不同的。

（四）没有直观的形象

时间看不见摸不着，钟表就成了时间的代言人，但它不是直的，是圆的，刻画的是时间的局部周期性。能否有一个无始无终的形象物体来刻画时间呢？现实中没有，数学上有，它就是数轴。

上述的这些特征给学生对时间的理解带来了很多的障碍。

二、小学生应该从哪些方面来理解时间

时间的认识作为小学数学学习的一个内容，被划分在数与代数领域中"常见的量"的教学内容中，与"元、角、分的认识"和"千克、克、吨的认识"放在一起。可见，时间是以"量"的形式出现的。谈到"量"就离不开度量和度量单位。

在实际生活中，时间有自己特有的时间单位，在计算时间时，实际是对时间单位的一种累加，如1秒1秒地累加，60秒就是1分，1分1分地累加，60个1分就是1时，1时1时地累加，24个1时就是1天。但我们感觉对时间的度量又与我们以往所学习的如长度、周长、面积不同，因为我们在度量长度时，是可以看到实际要度量的物体，而且可以利用手中的工具通过亲自动手操作来得到一个数据，但是时间是非常抽象的，看不见，也摸不着，所以对于学生来说很难感受到他们所度量的是什么，学生能感受到的就是随着时间的不同，或是随着时间的累积，我们身边的事物会发生变化，而这种变化是能被我们所看到的。

由此看来，如果我们把时间放在度量的领域，那么在这一过程中"时间"的理解角度则是对度量以及度量单位的认识。具体地说是对时间单位以及如何应用时间单位来度量的理解。

生活中常见的"量"主要可分为两类：一是较直观的"量"，如长度单位的米、厘米等，这类"量"可以具体表现出来；一是较抽象的"量"，如质量单位的千克、克和时间单位的时、分等，这类"量"只可意会、难以言教。由此也可以看出认识钟表的内容比较难。那么教材中又会给我们哪些提示和启发呢？

第二节　关于时间教材的学习内容

一、"时间"学习的整体脉络

在《课程标准（2011年版）》中时间的认识被安排在了第一学段的学习中，并提出了具体的要求：能认识钟表，了解24时记时法；结合自己的生活经验，体验时间的长短；认识年、月、日，了解它们之间的关系。由此可见，在小学阶段，学生认识时间就聚焦到了认识钟表，以及年、月、日的相关学

习当中(图 3-1)。

图 3-1

二、各年级学习内容及分析(北师大版)

(一)认识钟表

认识钟表的内容集中在北师大版教材一年级上册、二年级下册,包含了对钟面的认识、对钟面上任意时刻的认识、认识时间单位以及之间的关系、识别钟面上的时刻与经过的时间。

1. 认识整时和半时

这一部分的内容安排在北师大版教材一年级上册第八单元——认识钟表。钟表与人们的生活是密不可分的,学生也有一些这方面的生活经验。教材以"小明的一天"为学习的情境,展现了小明一天的活动(图 3-2),从而初步认识钟面上的整时与半时,成为学生第一次认识钟表的核心内容。

围绕核心内容,教材以"说一说,认一认"的活动方式,将钟面上的时刻与小明一天的生活紧密联系在一起:从早上 7 时起床—8 时上课—9 时半做操—12 时吃午饭—下午 4 时踢球—晚上 8 时半睡觉,为学生创设了一个熟悉的生活情境,借助已有的生活经验,结合钟表上的时刻和生活实际说一说、认一认,初步对这些"特殊的"时刻有所认识和了解。随后安排了"你说我拨"的练习活动(图 3-3),将钟表上的时刻与学生自身的生活联系起来,通过拨钟表巩固对核心内容的认识。

小明的一天

⚪说一说，认一认。

图 3-2　北师大版教材一年级上册　认识钟表

⚪我说你拨

图 3-3　北师大版教材一年级上册　认识钟表练习

2. 进一步认识钟面以及钟面上的任意时刻

这一部分的认识安排在了北师大版二年级下册第七单元。是学生在认识了整时和半时的基础上对时间的再一次认识。这一部分的认识包含了四个核心的内容：认识分，认识秒，时、分、秒之间的关系以及经过时间。

第一个核心内容——认识分，教材以"奥运开幕"为学习背景（图 3-4），将 8 时 08 分与钟面上的时间建立联系，引出对时间单位的认识，从而初步认识钟面上的某一时刻。

奥运开幕

北京时间2008年8月8日晚8时08分，北京奥运会在国家体育场开幕。

图 3-4　北师大版教材二年级下册　时、分、秒

围绕这一学习内容，教材中安排了三个核心的活动。

核心活动一：进一步认识钟面（图 3-5），通过"说一说，关于钟面你知道些什么？"引导学生观察钟面，进一步对钟面的结构进行认识，其中包括时针、分针、大格、小格以及 12 个表示时间的数。

⚪说一说，关于钟面你知道些什么？

图 3-5　北师大版教材二年级下册　时、分、秒

核心活动二：认识时、分之间的关系（图 3-6），通过拨一拨，填一填的操作活动，感受时针与分针的运动，与此同时揭示时与分之间的关系，了解钟面上的时针与分针是怎样表示时间的。

⚪拨一拨，填一填。

钟面上有＿＿个大格，＿＿个小格。

时针走 1 大格是＿＿时。

分针走 1 小格是＿＿分，走 1 大格是＿＿分。

时针走 1 大格，分针正好走＿＿圈。

1 时 = ＿＿ 分

图 3-6　北师大版教材二年级下册　时、分、秒

核心活动三：认识钟面上的几时几分(图 3-7)，通过与同伴说一说，你是怎么认识钟面上所表示的时间的？使学生在交流中明确如何根据时针与分针读出钟面上的时间。

⚪写出钟面上所表示的时间。

图 3-7　北师大版教材二年级下册　时、分、秒练习

通过对"认识钟表"这部分教材内容的梳理，我们发现：学生对于钟表的认识可以分为两步：对钟表的整体感知(一年级上册)和对钟表的进一步认识(二年级下册)。

第二个核心内容——认识秒，教材中围绕秒的认识设计了四个活动，分别是：借助带秒针的钟面认识秒针(图 3-8)，同时对钟面的结构有更全面的认识。

图 3-8　北师大版教材二年级下册　时、分、秒

通过钟表的嘀嗒声，引出"秒"这个时间单位(图 3-9)，同时感受 1 秒的长短，继而 1 秒 1 秒地往后数，发现数 60 秒正好秒针转一圈，分针走了 1 个小格，从而认识秒与分之间的关系，感受 1 分的长短。

○ 1分有多长？数一数，填一填。

1分=_____秒

图 3-9 北师大版教材二年级下册 时、分、秒

借助学生一些熟悉的活动（图 3-10），如 1 分拍球、1 分写自己的名字、1 分自己的心跳……帮助学生进一步体会 1 分的长短。

○ 1分能做什么？数一数，填一填。

图 3-10 北师大版教材二年级下册 时、分、秒

通过数 60 下与 60 秒进行对比（图 3-11），再次感受 1 秒、1 分的长短，增加对 1 分感受的准确性。

○ 从 1 数到 60，看谁用的时间最接近 60 秒。

图 3-11 北师大版教材二年级下册 时、分、秒

第三个核心内容——时、分、秒之间的关系。教材安排了"试一试"的活动（图 3-12），通过时间单位之间的转化，理解时、分、秒这三个时间单位之间的关系。教材特别强调了学生解决问题的策略，无论是通过模拟钟表上指针的运动，说明先走几圈，再走几格，还是通过竖线模型，或是时间单位的个数之间的运算，都体现了解题策略的多样性。

在 10 米气步枪射击决赛中，每发子弹必须在 75 秒内射出。75 秒是几分几秒？

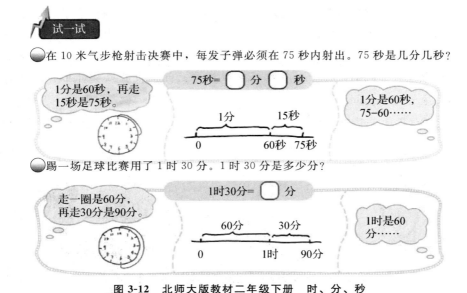

图 3-12 北师大版教材二年级下册 时、分、秒

第四个核心内容——经过时间，教材借助"淘气的作息时间"这一背景（图 3-13），描述了淘气早上从起床到出家门这一段时间内所做的事情，并用钟表给出了这几件事的开始时间，让学生初步感受每做一件事都需要经过一段时间，由此来区别时刻与经过时间。

图 3-13 北师大版教材二年级下册 时、分、秒

为了进一步感受时刻与经过时间的区别，教材安排了"淘气吃早餐用了多长时间？"这样一个思考的问题（图3-14）。学生可以以"分"为单位，一个大格一个大格数，或是5分5分地累加，也可以通过画图或是计算的方式得到最终的结果。与此同时，学生感受到什么是经过时间，也就是一件事开始的时刻到结束的时刻之间经过的分数。

　淘气从起床到开始吃早餐，用了多长时间？看一看，说一说。

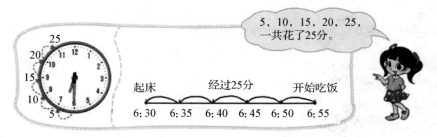

图3-14　北师大版教材二年级下册　时、分、秒

通过对认识钟表教学内容的梳理，我们可以看到，学生最开始对于钟表的认识可以分为两个阶段：对钟表的整体感知（一年级）和对钟表的进一步认识（二年级）。

其中核心的内容包含了对钟表的整体以及钟表表面内部结构的认识、对钟面上的时间单位的认识、单位间的关系、1个时间单位的长短感受，对钟面所表示的任意时刻的认识，以及以经过时间为载体的解题策略与方法的学习。

教材安排了很多贴近学生生活实际的学习背景，注重让学生借助生活经验，多种角度体会时间的实际意义。教学内容的梳理和分析给我们带来了一些思考，特别是有关理解时间的角度，我们是否可以尝试从度量的角度来认识钟表呢？如果把时间看成是一个被测物体，而把钟表就可以看成是测量它的尺子，在长度的测量时，我们先要认识单位，再来学习如何测量。

在学习长度的测量时，学生测量长度的方法是，先要找准0刻度，将物体与直尺重合，然后观察直尺的另一端，读出刻度，由于所测物体与直尺是完全重合的，所以直尺所显示的长度就是物体的长度。那么，如果把时间当成是被测物体，而把钟表想象成一把测量时间的工具，那么，是不是在测量时也要搞清这几点呢？首先是我们所使用的这把尺子：由于我们在测量长度时，测量的是直线的长，所以我们所使用的是一把直尺，而由于时间具有周期性的特点，所以，钟表这把尺子所显示出来的是一个圆，这就对学生的认知提出了很大的挑战。直尺中最左边就标有 0 刻度，而钟表中，没有 0 这个数字，是从"12"开始的，那么，钟表中有没有 0 呢？其实钟面上的"12"就是隐藏着的"0"，只不过当钟表的指针走一圈时，又回到了这个位置，所以那个"0"就被"12"所掩盖了。关于刻度的划分，直尺中是把每一个大格又划分成 10 个小格，相邻单位之间的进率都是 10。而在钟表上，有两套刻度，先有 12 个大格，再把每个大格又划分出 5 个小格，所以钟面上所显示的是 12 个大格，60 个小格，而分与时、秒与分的进率都是 60。时间虽然是被测物体，但是我们却看不见它，所以能与时间产生联系的就是各种指针的走动，它与所要测量的时间是一致的，如果我们把指针看成是被测物体，那么，还存在一个问题就是如何去观察和读数的问题。在直尺中，我们是要将左边对准 0 刻度，然后从左向右看，物体最右端所显示出的数据就是它的长度，那么在观察钟表时，如何观察却又成为了学生要面临的一个问题，所以一定要让学生知道，指针是如何走动的。

对于相应的一些核心活动，我们可以用具体事件来替代时间，随着能力逐渐增强，学生会感觉到时间其实就是由一个个事件组成的，而且时间会在事件的进程中流逝。对于学生来说，吃饭、睡觉、上学、游戏等都是感知时间的主要指标。当学生将具体事情和时间紧密连在一起，"时间"就不再陌生了。同时，利用画图等策略，也可以把时间这一抽象概念变得具体。

(二)年、月、日

年、月、日的相关内容学习安排在了三年级上册第七单元，其中包含了三部分的内容：年、月、日的认识；星期与经过时间；24 时记时法。

1. 年、月、日的认识

教材中对年、月、日的认识主要安排了说一说和填一填两个核心活动（图3-15），通过说一说的活动，让学生根据已有的生活经验，说出有关年、月、日的相关知识，随后，在填一填的活动中，通过引导学生"你发现了什么"来认识大月、小月，发现 2 月份天数的不同，全年的天数也不同，从而认识平年和闰年。得出年、月、日的一些相关结论。

说一说

今天是几月几日？

一年有几个月？

一年有多少天？

与同伴说一说。

关于年、月、日，你还知道些什么？

填一填

(1)将 2004 年和 2005 年各月份的天数填入下表。

月份	1	2	3	4	5	6	7	8	9	10	11	12	合计
2004 年													
2005 年													

你发现了什么？

把附页 2 中 2009～2016 年 2 月份的天数记录在表格中，你发现了什么？

年份	2009	2010	2011	2012	2013	2014	2015	2016
2 月份天数								

图 3-15　北师大版教材二年级上册　年、月、日

2. 星期与经过时间

教材中安排了说一说、找一找、练一练、猜一猜等活动，让学生通过观察日历，认识星期，能够从日历中找到对自己有用的信息，了解一些重要的节日，以及用多种方法推算经过的时间。

3. 24 时记时法

教材设计了应用 24 时记时法的现实背景，比如看电视的时间、取信的时间、图书馆的阅览时间，使学生在具体生活场景中感知 24 时记时法的应用价值，感受表示时刻的两种不同方法，并能够推算出经过的时间。

年、月、日的学习是继钟表认识后对时间的再次认识，教材同样安排了丰富多彩的数学活动，这些活动既贴近学生，又具有可操作性。

第三节　学生是如何思考的

一、为什么做学生调研

时间看不见，摸不着，钟表是时间的代言人。因而钟表就成为了认识时

间的重要工具，可是这个工具又不同于我们学习中常用的直尺、小棒等，它也很独特，而且这些"独特"之处使得学生认识钟表变得困难起来。

第一，钟表的"表盘"是一个复杂的结构系统，一个钟面上有两套不同的刻度（严格地讲是三套，"秒"的刻度系统与"分"的刻度系统的结构完全相同，而且日常确认"时间（时刻）"时一般忽略"秒"，因此在这个意义上可以说是两套刻度），但是却使用了同一个"位置"来确定。毫无疑问，学生一开始会对此大惑不解！

第二，学生比较熟悉的"直尺"有起点"0"，刻度线与相对应的"数"是"直直地"排列在一条"线段"上的，但是表盘上的 12 条刻度线均匀分布在"圆周"上，1~12 各个数"没头没尾"围成了"一圈"，因此学生静态地认识钟表时总有"无从入手"的感觉。由于表盘的刻度呈圆周形，学生认识"时"时难度也是有层次的，体现在表盘上，左边难于右边，再细分，9 时到 12 时最困难。

第三，"时、分、秒"之间的进率不同于学生比较熟悉的"十进制"而是"六十进制"，钟面上标出"时"的 12 个刻度，再"将 60 分平均分成 12 份，每份（1个'大格'）是 5 分"，因此学生在读、认钟表所标示的"时间"尤其是"多少分"时有困难。例如，"分针"指向"9"就认为是"9 分"甚至是"90 分"，却不是"45分"。

第四，日常生活中说"时间"时也有两种不同的方法，既有"几时过几分"，又有"差几分到几时"，这些不同的表示方法都容易给学生学习认识钟表带来困难。

第五，时刻与时间段易混，钟表指针所指示的是当前的时刻，要想知道具体事件发生时间的长短，需要计算的参与。而时刻（5 时 30 分）与时间段（5时 30 分）都用同样的数和单位来表示，又涉及数的运算，（点段模型）因此时刻与时间段极易混淆。

二、"钟表的认识"学生调研过程与结果分析

鉴于从教材的梳理带来的思考，就钟表的认识这一部分内容，我们对一、二年级的学生进行了几次调研，期望对学生有更多的认识。

（一）第一次调研

【调研对象】一年级学生 35 名。

【调研题目】画出你印象中的钟表。

【调研结果分析】

35 人中有 20 人，即近 57.1％的学生画出的表盘只有时针、分针和 12 个数字。15 人近 42.9％的学生画出的表盘中有时针、分针和 12 个数字，并且数字间进行了更精细地划分——有小格意识。但只有 2 人将 2 数字间的 5 个小格划正确了，说明学生还不能认识钟表的精细刻度。

【调研对象】二年级学生 35 名。

【调研题目】你认识钟表上的时间吗？请写在横线上（图 3-16）。

图 3-16

【调研结果分析】

表 3-1　学生问卷调研结果分析

	正确	错误		
		时针分针混淆	时针的区域性错误	完全表示错误
	35 人 100％			
	33 人 94.3％		2 人　12：30	
	17 人 48.9％	6 人　11 时 2 人　11：12	5 人　12：54，12：55，12：56，12：57 时针接近几时就是几时	5 人　12：11，12：25，12：65 不知如何表达
	22 人 80％	3 人　1：00		4 人　12：01 不知道如何表示

从上面的分析来看，学生对于整时半时掌握较好。快 12 时和 12 时刚过这两种情况，学生没有用一年级学过几时刚过或快几时的方法来表示说明，

而是都试图用几时几分进行具体的表示，但是又不能正确表达。错误的类型主要有：1. 时针分针混淆；2. 时针的区域性错误；3. 完全表示错误。由此可以看出学生对分针系统的认识比较困难，这将是进一步认识钟表时的重点所在。

（二）第二次调研

【调研对象】一年级学生 74 名。

【调研题目】什么是时间？你能设计一个量时间的尺子吗？

【调研结果分析】：

1. 74 人中，几乎所有人都能说出一天自己几个生活中熟悉的时刻。例如，几点睡觉，几点吃饭，几点上学，等等。

2. 你能设计一个量时间的尺子吗？

表 3-2　学生问卷调研结果分析

	结果	人数	百分比/%
其他		62	83.8
24 小时		12	16.2

从学生设计度量时间的尺子中，我们发现：在被调研 74 人中，12 人知道一天有 24 时，且 24 时是不断循环往复的。

在 12 人认为一天 24 时中，有一幅"度量时间的工具"图，我们发现学生对于"0 时和 24 时是同一时刻"这个知识点不清楚。于是，我们对 12 人进行进一步的访谈，"你知道 0 时和 24 时，它们是同一时刻吗？"访谈结果，我们发现 12 人中只有 2 人认为 0 时和 24 时是同一时刻。

（三）第三次调研

【调研对象】一年级学生 39 名。

【调研题目】你知道 1 时有多少分吗？你能说出下面的钟表所表示的时刻吗？

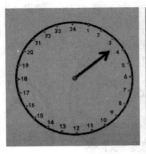

图 3-17

【调研结果分析】

1. 你知道 1 时有多少分吗？

表 3-3 学生问卷调研结果分析

	结果	人数	百分比/%
5 分		2	5.1
10 分		2	5.1
24 分		1	2.6
60 分		34	87.2

可见，大部分学生知道 1 时有 60 分，只有少部分学生不知道。

2. 你能说出下面的钟表所表示的时刻吗？

表 3-4 学生问卷调研结果分析

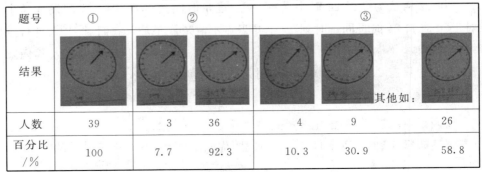

题号	①	②		③		
结果						其他如：
人数	39	3	36	4	9	26
百分比/%	100	7.7	92.3	10.3	30.9	58.8

88

只有一根针时，整时和半时大部分学生都能够准确判断。但是出现其他时刻学生就有了困难，学生就凭着自己的感觉。于是提问有什么办法能够准确地知道它的时间呢？大部分学生想到了分针，其中有一位学生想到分小格。但是怎么分，分完之后怎么看还不太清楚。

通过学生调研，我们发现学生对于 1 时有 60 分已经有了一定的基础，在第一节课的基础上，学生能够认识整时和半时，但是对于其他时刻存在困难，因此教学中用第三个图形作为切入点和学习的重点，让学生自己在有需求的情况下改进钟表。

通过三次调研，我们能清晰感觉到：时间（或说钟表）虽然在生活中十分常见，但这个熟悉的东西学生却并不熟知。部分学生生活中缺乏认识钟表的需求，不曾细致观察过钟表，也没有试着去认识过，对时间的感知较少。在学习过程中，钟表的"独特"结构的确给学生带来了很多的困扰，比如分针转一圈 60 分，每大格 5 分，时针和分针指向同一个数，表示的却完全不同；弯曲的圆形表盘使得时针的区域性问题易出错；以后还会有点与段的问题、时间段与时刻的问题，等等。

面对诸多的问题，我们不禁在想"钟表"的设计太奇妙了，它为什么不是直直的？它是怎么一步步发明来的呢？如果它是直直的（像直尺那样），就没法表示时间的无限及周期性，所以需要首尾相接做成圆周，如果认识整时和半时用一根针就可以表示了，如果想在一个小巧的表盘上再表示出其他具体的时刻就比较困难了，从而想到用两根针各司其职比较方便，也就是现在的钟表。这样一个想象、矛盾、改善、最终形成钟表的过程如果让学生亲身经历，学生对时间的认识、对数学的学习体验是否会有所不同？

鉴于以上思考，我们大胆对教学内容进行重新分割和组合，将一、二年级认识时间的内容都放在一年级完成，通过做一把测量时间的尺子的活动，让学生经历一个钟表的形成过程，进行一次"美妙而艰难"的数学之旅。

第四节　奇妙的"小尺子"

通过以上教材梳理使我们对"时间"的特点和特性有了更进一步的认识，通过学生调研使我们对学生学习时间中还存在的困难也有所了解。本次的教学实施我们选择了一、二年级关于时间认识的两节重要的起始课，每一课我们都经历了三轮尝试，在教学实践的过程中不断发现问题并开始新的尝试，最终形成比较完整的一个过程。在这三轮尝试中，我们也遇到了很多困难，遇到的困难，恰恰是我们最需要思考的，也就是课堂中的一些重要生成点，因此，我们进行了很大的修改，以下是我们的课堂实施以及我们的一些思考。

【课例1】小明的一天

一、钟面为什么会是圆的？（让学生经历钟面形成的过程，渗透时间的无限性。）

时间看不见，摸不着，钟表是时间的代言人。因而钟表就成为认识时间的重要工具，那么学生认识时间的第一步就是要认识钟面。可是这个工具又不同于我们学习中常用的直尺、小棒等，它也很独特，而且这些"独特"之处使得认识钟表变得困难起来。钟面对于学生来说并不陌生，大多数学生都知道钟面上有数字，有指针，有格子。但是认识了钟面的结构不等于认识了时间，钟面的这些特点，其根本原因是由时间的特点决定的。所以我们设想能否在认识钟面这一环节上多下些工夫，不仅为后续认识钟面上的时间做好准备，还在经历钟面形成的过程中渗透时间的相关特性。以下是我们在三轮课当中对这一环节进行的几次不同的尝试。

1. 认识钟面的核心活动的第一次尝试：认识钟表。

（1）请你在纸上画一个钟面。

（2）反馈：看这三个钟面，（展示学生作品）你发现了什么？

【设计意图】通过画钟面活动，了解学生的对钟表的认识，在反馈的过程中发现学生对钟表认识的误区，在交流的过程中，丰富学生对钟面各部分的认识，为认识时间做好准备。

（3）钟面上都有什么？

（数，指针：时针、分针、秒针，格。）

（4）运动方向。

那你知道时针和分针是怎样运动的吗？

你能用动作表示吗？

让你的小闹钟的指针按顺时针方向走起来吧！

【设计意图】分四个内容让学生逐步认识钟面，先发现数，再认识指针，再了解格，让学生通过观察和思考，详细了解钟面及各部分的特点，进一步帮助学生在观察思考中认清钟面，为下面认识时间奠定基础。

【我们的思考】

本节课学生对于认识钟表这一内容能有较清楚的认识，尤其是对于钟面的认识比较清楚。因为在课前对学生进行的调研，我们已经了解到学生眼中的钟表是什么样子，所以课一开始，就让学生根据自己的生活经验画出一个钟面。在展示的过程中，充分暴露出学生对钟面认识的误区，就是对于钟面上数字的排列顺序、大格的数量以及三根指针都存在一定的偏差。因此，在课堂中我们就可以针对学生心中存在的误区和错误认识进行梳理和指导，课后学生对钟面的认识还是比较扎实的。

2. 认识钟面的核心活动的第二次尝试：创造钟表。

（1）要求：在这一天中，你们说了很多时间。你能设计一把小尺子，测量一天的时间吗？把你的想法在纸上写一写，画一画。

（2）认识一天有 24 小时。

学生反馈的几种写法：

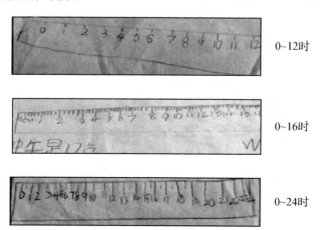

0~12时

0~16时

0~24时

图 3-18 学生作品

追问：说说你是怎么想的？

①提问：有的同学认为一天有 24 时，有的同学认为一天有 16 时，一天中到底有几时呢？

我们一起跟随小明来看看一天的时间。我说时间，大家一起来说小明在干什么。

（播放小明的一天。）

②提问：一天中到底有多少时？

③要求：修改你的小尺子，并且把这24时排在一行。

【设计意图】先让学生思考关于时间我们能不能也想办法设计出一把尺子，来测量一天的时间，那么设计的第一步就是得思考一天有多少时？学生经过思考展现出不同的认识，有一部分学生的认识是正确的，还有一部分学生的认识不正确，不管学生的认识是什么样的，在思考和交流的过程中，学生对时间的认识不再是片面的某一时刻，而是一个相对较完整的时间段。

中间环节略。

活动四：体会时间的无限性——变成圆形钟表

你们设计的小尺子真好用，不仅能测量一天中的整时，还能测量几时半。

（1）提问：一把小尺子能测量一天24小时，想测量第二天呢？第三天？第四天？第100天？

太有创意了！用一把小尺子就能测量100天甚至更久远的时间。你怎么想的？

（2）提问：（一天结束时指针指向几？当指向24时，怎么测量新一天的时间呀？）

这把小尺子怎么摆就能循环重复使用了呢？

——围起来，24时是一天的结束，也是新一天的开始，两个时刻是同一个时刻，可以重合。

——自己围一围试试。

（3）演示课件：是这样吗？原来直直的小尺子围成一个圆形，0时与24时是同一时刻，两个时刻重合。

【设计意图】这是一个比较有突破性的环节，这个环节在以往的教学中是没有的，学生在思考用这把小尺子如何才能测量测量第二天呢？第三天？第四天？第100天？该怎么办呢？在将直尺变成圆形尺子的时候才能真正让学生体会到时间的无限性，更能体会到钟表为什么是圆形的钟面——可以反复地测量，也就是时间是具有重复性的。

【我们的思考】

先引导学生做量时间的"尺子"，让学生能从度量的角度去认识时间，当"尺子"不能实现无限地进行测量的时候，需要把尺子头尾相接做成圆形，就可以无限地测量了，接下来就要引导学生对围成的圆形的测量时间的工具进行分格，预想可能会分 24 个格，只需要有 1 根指针就能认识整时和半时了。

　　本节课后针对课堂中的问题，再次调整了教学环节，提出了建议。第一节课中，重点让学生体会三点：第一，时间是无限循环的；第二，想办法把直直的时间尺子变成封闭的尺子，让尺子循环使用；第三，体会到一根指针的作用，可以辨认几时整和几时半。

二、怎样才能让时间动起来？（让学生在事件中认识时间，体会时间的流动性。）

　　时间是由时刻组成的，当时间只有一个时刻组成时，时间是静止的，当时间由两个或两个以上时刻组成的时候，时间便显示出了它的流动性。时间的流动性体现在从某一时刻到另一时刻的过程。世间的万物都是随着时间的流逝而运动，而人对时间的体验具有非常强的主观性，客观发生与主观体验不同。所以在课堂教学中，学生对于时间的认识更多的是通过日常的事件体会到的时间的流动，传统教学在教学这部分知识时，更多的是关注让学生怎样能够认识钟面上所显示的时间，所以学生所认识的时间更多的是一个一个静止的时刻，而我们知道时间是由一个一个时刻组成的，但时间不会停止下来，而是不断地向前运动着的，这也是时间一个特性，即时间的流动性，基于以上的分析，我们尝试在教会学生怎样认识钟面的同时，想办法让学生认识到时间是在不断的运动，而这种运动是有一定的顺序的，从过去到未来，时间是由一个一个的时刻组成的，时间永远不会停止下来。我们所认识的仅是时间流动过程中的一瞬间所显示出来的一个静止的时刻，它仅为我们提供现在时间的一个参考，时间就像是一个不断延长的数轴，而我们所能认识的时刻就是数轴上的一个点。为此，我们也进行了不断的调整和尝试，以下是我们的三次教学实践。

　　（一）认识整时和半时的第一次尝试。

　　教学活动：认识整时和几时半。

　　1. 认识整时。

　　（1）刚才我们认清了钟面，了解了指针的运动方向，接下来我们就来用钟表记录我们新的一天。你知道一天的开始是什么时间吗？

　　请同学们拨到 0 时。

(2)钟表要走动了,请你跟着老师一起拨。分针走了1圈,时针从哪儿走到哪儿了?

现在是什么时间?分针和时针分别指向谁?

(3)让你们的钟表继续动起来。在1时的基础上拨2时。

分针转了几圈?时针从哪儿走到哪儿了?

(4)继续学习认识4时和6时,指导学生学会看指针。

(5)这类时刻都是整时。仔细观察整时的指针有什么特点?

小结:整时,分针指向12,时针指向几,就是几时整。

【设计意图】在这一环节中,主要想从一天的开始也就是0时开始认识,让学生能在认整时的时刻时体会时间的延续,感受到时间不是静止不动的而是一个运动的过程。具体的整时的时刻也不是仅让学生观察某一时刻,而是让学生通过拨钟表感受到这一整点时刻是如何形成的。

2. 认识半时。

(1)认识6时半和7时半。

①现在拨到6时,仔细观察,分针和时针是怎么走的?从哪儿走到哪儿?什么时间?

你怎么知道的?从哪儿走到了6和7的中间?

②天亮了,我们该起床了。让你的表继续动起来。拨到7时,再拨到7时半。

追问:时针和分针从哪儿走到哪儿?

(2)认识9时半。

这是什么时间?写在纸上。

同学之间出现了争论,到底是几时半?把你的想法跟同桌说说。

小结:现在几时?看分针,从12走到6。

再看一遍,重点看时针,从9走到9和10的中间,时针走过9还没到10,所以是9时半。

【设计意图】在认识几时半时,加入了一些生活中的事件,不再单纯的只是在钟面上认识时刻,而是将钟面上所显示的时刻与具体的生活事件相结合。再让学生先拨出几时半,再引导学生观察,在这个时刻,分针和时针分别指向几,帮助学生学会认识时间的方法,重点在认识几时半时学生最容易出错,所以在课堂中又呈现了几时半的形成过程,让学生在动态的过程中认识几时半。

【我们的思考】

在认识整时和几时半时，能利用学生手中的钟表，使学生在拨动钟表的过程中、在动态的情况下认识几时和几时半，学生对钟表上某一时刻的动态形成过程有了很清楚的认识。

不足之处，学生在认识时间时，借助认识钟表来认识时间，所以学生对于时间其实没有什么感受，虽然能认识并能读出几时和几时半，但学生所认识的时间还是静态的时间。所以我们就要想办法让学生真正地在动态中认识他们所熟悉但不熟知的时间，让学生尝试从度量的角度去认识时间，体会认识时间其实就是时间单位及单位的累加。我们想到了把钟表想象成一把能测量时间的尺子，从量度的角度去认识时间，于是我们进行了第二次尝试。

（二）认识整时和半时的第二次尝试。

在这节课的前半部分，学生每人都制作了一个类似直尺的直线钟表，所以下面的环节先在直线的钟表上认识时间。

活动一：体会 0 时的必要性

反馈：1 时开始到 24 时。

提问：你能数数这把小尺子上有多少个 1 时吗？

提问：两把尺子哪儿不一样？到底哪把尺子能测量一天的时间呢？

小结：你们设计的小尺子从 0 开始到 24 一共有 24 个 1 时，正好能测量一天 24 时。你们真有想法！

活动二：在直线钟表中认识整时和半时

1. 认识整时。

(1)提问：小明每天 6 时起床，你能用指针指出 6 时吗？你怎么找到的？

追问：数字 6 就代表 6 时。从 0 时到 6 时经过了几时？你能数一数吗？

指向 6 表示 6 时，还表示从 0 时开始经过了 6 时。

(2)提问：你还能找到哪些整时呢？和同桌指一指。

(3)小结：指针指向几就是几时，也表示从 0 开始经过了几时。

2. 认识半时。

(1)提问：你能找到 7 时半吗？先和同桌说说你怎么找到的？

——7 时半，7 时加半时。

——7 到 8 是 1 时，一半就是半时。

小结：7 时半就是过 7 时，但还不到 8 时。

（2）提问：老师指，你来说时间。8时半，10时，11时半等。说说你是怎么找到的。

（3）小结：指针指向两个数字中间就是几时半。过7就是7时半，过13时就是13时半。

【设计意图】在直线钟表上认识时间，学生不管是认识整时还是认识几时半都比较容易。虽然还不是圆形的钟表但是学生对于时间的形成过程比较清晰。

活动三：体会时间的无限性——变成圆形钟表

你们设计的小尺子真好用，不仅能测量一天中的整时，还能测量几时半。

1. 提问：一把小尺子能测量一天24时，想测量第二天呢？第三天？第四天？第100天？

太有创意了！用一把小尺子就能测量100天甚至更久远的时间。你怎么想的？

2. 提问：（一天结束指针指向几？当指向24时，怎么测量新一天的时间呀？）

这把小尺子怎么摆就能循环重复使用了呢？

——围起来，24时是一天的结束，也是新一天的开始，两个时刻是同一个时刻，可以重合。

——自己围一围试试。

3. 演示课件：是这样吗？原来直直的小尺子围成一个圆形，0时与24时是同一时刻，两个时刻重合。

【设计意图】这是一个比较有突破性的环节，这个环节在以往的教学中是没有的，学生在思考用这把小尺子如何才能测量第二天呢？第三天？第四天？第100天？该怎么办呢？在将直尺变成圆形尺子的时候才能真正让学生体会到时间的无限性，更能体会钟表为什么是圆形的钟面，可以反复测量，也就是时间具有重复性的。

活动四：在圆形钟表中认识整时和半时

1. 指针转动的方向。

（1）提问：圆形的小尺子怎样能重复测量好几天的时间呀？谁能带着大家转一转指针数一数。

（出示纸质版的圆形24时钟表和指针）

——23 时，24 时也是新一天的开始 0 时。

（2）提问：谁注意到，小指针是朝哪个方向转的？伸出你的小手指一指。转一圈是一天，再转一圈测量第二天。

2. 认识整时和半时。

（1）提问：当小指针转到这儿，现在是几时？它是从 0 时怎么转到这儿的？（2～3 个）

（2）谁也能转一转指针，让大家说说你拨的时间是几时。

这样的钟表与我们生活中常见的钟表还有哪些区别呢？我们下一节课再继续学习。

【我的思考】

先引导学生做量时间的"尺子"，让学生能从度量的角度去认识时间，当"尺子"不能实现无限地进行测量的时候，需要把尺子头尾相接做成圆形，就可以无限地测量了，接下来就要引导学生对围成的圆形的测量时间的工具进行分格，预想可能会分 24 个格，只需要 1 根指针就能认识整时和半时了。

本节课后针对课堂中的问题，我们再次调整了教学环节，提出了建议。第一节课中，重点让学生体会三点。第一，时间是无限循环的；第二，想办法把直直的时间尺子变成封闭的尺子，让尺子循环使用；第三，体会到 1 根指针的作用，可以辨认几时整和几时半。

还需要继续改进的地方：建议由原来的画时间的尺子调整为用 1 段表示 1 时，把 24 段合在一起就可以表示一天的时间。这一环节的变动既节省了教学时间，又让学生清晰地感受到一天经过 24 时。对于整个钟表形成的过程初步有体会，让学生对这一过程有一个整体的回顾。

三、认识整时和半时的第三次尝试。

在这节课的前半部分，学生每人都制作了一个类似直尺的直线钟表，所以下面的环节先在直线的钟表上认识时间。

活动一　在直线尺子上认时间

1.（出示时间尺子）你们太能干了，每组都做了一长条，表示一天 24 时。你们看它像我们手边的哪个文具呀？

2. 认识整时。

（1）提问：小明每天 6 时起床，你能用指针指出 6 时吗？你是怎么找到的？

追问：数字 6 就代表 6 时。从 0 时到 6 时经过了几时？你能数一数吗？

指向 6 表示 6 时，还表示从 0 开始经过了 6 时。

(2)提问：你还能找到哪些整时呢？用小棒当作指针在你自己的小尺子上指一指。

(学生指大家答。)

小结：指针指向几就是几时，也表示从 0 开始经过了几时。

3. 认识几时多(放大看)。

(1)提问：如果指针指在这儿，是几时呢？(7 时多一点儿)你怎么想的？

——没到 8 时(数经过时间)。

(2)提问：你怎么知道是 7 时半？

小结：当指针指向一个格的中间，就是几时半。

(3)提问：如果指针指在这儿，是几时呢？(差一点儿到 8 时。)你怎么想的？

追问：都快到 8 了，怎么还是 7 时多呀？(数经过时间)

(4)提问：刚才找指了 3 个时间都是 7 时多一些，还有哪儿也是 7 时多一些？

同桌指一指，说说你们是怎么想的？

——在 7 时到 8 时这一段都是 7 时多一些。

师指两个几时多，生答。

(5)小结：指针过几就是几时多。

体会时间的无限性——变成圆形钟表。

4.(1)提问：指针走到 24 是几时？这一天结束了，第二天的时间怎么测量呢？

——再接一把尺子。

(2)提问：24 时代表第一天的结束，第二天从哪儿开始接呢？

——24 时与 0 时重合。追问：你怎么想的？

——24 时与 0 时空一段。追问：你怎么想的？

追问：如果空一段，第一天 24 时结束，又经过一段时间，才到第二天的开始 0 时吗？

小结：24 时代表前一天的结束，也表示新一天的开始 0 时，所以 24 时和 0 时是同一个时刻。要把 24 时与 0 时重合在一起，继续测量第二天的时间。

【设计意图】一天是从 0 时开始、在 24 时结束的，而结束的 24 时就是下一天的 0 时。学生不仅体会时间的循环往复，更像测量一样只有重视开始和结束，才能让学生知道时间是怎样形成和发展的，当不知是几时可以从"12"这个数开始数起。

5.（1）第三天？第四天？

提问：如果这样一直贴下去，你有什么感受？

——（贴多少次就够了？）时间永远都不会停止，是不断延续的。

——太长了，太麻烦了。

（2）太有创意了！用一把小尺子就能测量循环往复永远都不会停止的时间。你怎么想的？

6.（1）提问：（一天结束指针指向几？当指向 24 时，怎么测量新一天的时间呀？）

这把小尺子怎么摆就能循环重复使用了呢？（同桌讨论）

追问：你怎么想到的？

追问：刚才没想出来的同学现在同意他们的想法吗？你现在怎么想的？

（2）怎么围？

——围起来，24 时是一天的结束，也是新一天的开始，两个时刻是一个时刻，可以重合。

——自己围一围试试。

（3）提问：圆形的小尺子怎样能重复测量好几天的时间呀？谁能带着大家数一数。

——24 时结束，新一天 0 时开始了，新一天再从 0—24。

小结：当小尺子围起来，0 时与 24 时重合，就能测量不断循环重复、无限长的时间了。

活动二　在圆形钟表中认识整时和半时

1. 指针转动的方向。

（1）谁能带着大家转一转指针数一数。（出示纸质版的圆形 24 时钟表和指针）

（2）提问：谁注意到，小指针朝哪个方向转的？伸出你的小手指一指。转一圈是一天，再转一圈测量第二天。

2. 观察圆形钟表，有多少个大格？（每个大格就是贴的每一段）

3. 认识整时和几时多。

(1)提问：当小指针转到这儿，现在是几时？它是从 0 时怎么转到这儿的？（2～3 个）

(2)认识整时。

(3)认识几时多和几时半。

说说你是怎么想的？

【设计意图】在认识整时和几时半时，给学生提供的是一根指针的钟表，让学生利用这一根时针来观察钟表，可以让学生体会时间在表示的过程中，钟表各指针的作用，时针指向几就是几时，走到两个数的正中间就是几时半，走过几就是几时半。由于只有一根指针，观察起来比较方便，学生容易理解，在读数时基本不会错。这也为后续分针加入的必要性埋下伏笔。

【我的思考】

这一节课精心准备的彩色小纸条拼接成时间小尺子的过程把时间段显性化，让学生对一天的 24 小时感受异常深刻；而且教师在教学中对"开始"和"结束"的时刻特别重视，使学生多次感觉到 0 时与 24 时是一样的；整节课学生在制作和改造测量时间这把小尺子的过程中经历了钟表的形成过程。更加可贵的是，在把直尺变为封闭的尺子这一环节中，学生感受的不仅仅是封闭与不封闭图形的区别，更感受到了时间的无限性、循环性，这一点感受比简单的认识钟表具有更深远的意义。

"认识时间"一课的课堂实施：

【课例 2】"我们赢了"

通过上一轮的教学，学生对时间已经形成了一个初步的认识，对于钟面的结构也有所了解，能准确认读整时和几时半。但由于时间的认识较为复杂，学生对时间的认识是一个循序渐进的过程，所以在接下来的学习中，我们还将引导学生进一步认识时间。

"我们赢了"一课主要是进一步了解钟面，知道钟面上有 12 个大格，60 个小格，有三根指针，分别是时针、分针和秒针，还要了解时与分之间的进率，会认识几时几分。通常，学生在学习这部分知识时会遇到不少的困难，比如要同时关注时针和分针，明确它们的关系和不同，时间的进率本次课也是第一次按触，而且时间的进率与以往所学的进率都不同，在认识一些特殊时刻时(如 8：55)学生也存在较大的困难。所以我们在研究的过程中，也是把这一轮的重点放在这一课上，并对这一课进行了三次研究，以下是我们的三轮课及一些思考。

（一）第一轮　第二课时主要环节：

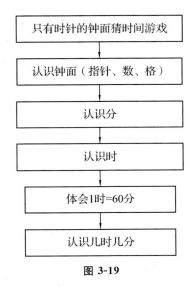

只有时针的钟面猜时间游戏

↓

认识钟面（指针、数、格）

↓

认识分

↓

认识时

↓

体会1时=60分

↓

认识几时几分

图 3-19

第二课时　教学过程：

活动一：游戏引入，体会分针引入的必要性

同学们，在一年级时我们已经学会了辨认整时和半时，今天我们继续来认识时间[板书：认识时间]。咱们先来玩一个猜时间的小游戏，一会出示的钟面比较特殊，它只有一根时针，请你根据这根时针所指的位置，猜猜所表示的时间。

1. 3 时　　　小结：时针正好指向几，就是几时整。

2. 3 时半　　小结：时针走过几，并且正好在相邻两个数的正中间，就是几时半。

3. 3 时多　　小结：通过时针，我们只能知道是 3 时多，要想知道到底多多少分，还需要谁的帮助啊？（分针）

【设计意图】带领学生对一年级所学知识进行复习，在认时间的过程中体会分针出现的必要性，让学生体会钟面上实际上是有两个指针在起作用。

活动二：操作体验，自主学习

（一）认识钟面

1. 了解指针

请你仔细观察，在这个钟面上都有哪些指针，你是怎么辨认它们的？［板书：指针：时针、分针、秒针］。今天我们先来研究时针和分针，秒针的知识我们下节课再来研究。介绍顺时针和逆时针方向。

2. 了解数和格

钟面上除了有指针，你还看到了什么？先自己独立观察，再与同桌交流。

反馈：数［板书：数］。

你都看到了哪些数？它们是怎么排列的？（1～12，从小到大按顺时针方向排成了一圈）［板书：1～12］。

反馈：格［板书：格］

大格：每相邻的两个数之间叫作一个大格（课件演示）。数数一共有多少个大格？（生边数课件边演示。）［板书：大格 12个］

小格：每相邻的两个点之间叫做一个小格（课件演示）。

（1）找找还有从哪儿到哪儿是1小格？（生到实投上标。）

（2）数数1大格里有几个小格？（自己先独立边数边标，再实投演示。）

（3）数数一共有多少个小格？介绍你是怎么数的？（同桌合作数一数，可以5个5个数，也可以利用口诀算，也可以直接用乘法计算）［板书：小格 60个］

【设计意图】学生已经能认识钟面上的指针、数字和格，教师将引导学生继续深入认识，为后续学习认时间打好基础。

（二）认识分

同学们特别会思考，运用了多种不同的方法都数出了有60个小格，如果分针走这样的1小格，你知道是多长时间吗？

1. 利用手中的学具，让分针走1分。（先自己操作，在实投演示。要演示出分针是从哪儿走到哪儿的。）

2. 师操作分针走5分，生介绍分针走了多长时间并说清想法。

3. 生到实投上拨一拨，让分针从12开始走到任意位置，其他同学判断分针走了多少分。

［小结：分针从12开始，走了几个小格就是几分。］

4. 师叙述：分针从12开始走了60分，生操作学具。体会分针走一圈是

60分。

5.同桌合作，互相拨一拨，说说分针走了多少分。

（三）认识时

分针的工作情况我们了解了，再来看看时针，看它是怎么走的？是多长时间？（边提问边演示，介绍1时。）

时针从12开始，走到3是几时？走到5呢？〔小结：时针从12开始，走到几就是几时。〕

（四）体会1时＝60分

刚才同学们分别观察了分针和时针的工作情况，想不想看看它们一起工作时的样子啊？（分3遍观察）

1.先观察时针是怎么走的？是多长时间？（时针走了1大格，是1时。）

2.再观察分针是怎么走的？是多长时间？（分针走了1圈，是60分。）

3.两针一起观察，看看你有什么发现？小组交流想法。

〔小结：两针同时开始同时结束，时针走1大格，分针正好走1圈，1时＝60分。〕

【设计意图】这个环节主要是认识时间的单位"时""分"，再借助钟表了解单位之间的关系。

（五）认识几时几分

1.辨认时间

同学们你们特别出色，通过观察和思考，对时间又有了更深入的了解，下面就请大家利用所学，来辨认一下这两个钟面上的时间是几时几分？（先独立辨认，再同桌交流，最后总结辨认几时几分的方法。）

〔小结：先看时针，时针走过几就是几时多，再看分针，分针从12开始，走了几个小格就是几分。〕

2.记录时间

介绍文字表示法和电子表示法两种记录时间的方法。（3时25分或3：25；10时07分或10时7分或10：07）

【设计意图】在拨表的过程中，动态地观察几时几分形成的过程，并在认识时间的过程中体会认识时间的方法。

本课小结，进行思想教育

1.学生谈收获。

2. 欣赏生活中各式各样的钟表，辨认方法是一样的。

3. 进行合理安排时间，珍惜时间的思想教育。

第一轮课"认识时间"的教学反思：

本节课，认识几时几分的方法学生掌握较好，能在拨表的过程中观察几时几分形成的过程，学习辨认时间的方法。同时存在一些需要改进的地方和值得我们思考的，如：几时几分的难点如何突破、如何处理0和12的问题、钟表的历史等，在对这些问题的思考和专家老师的启发下，结合前面的学习和分析，我们大胆地确定了第二轮课一个崭新的尝试。

（二）第二轮　第二课时主要环节：

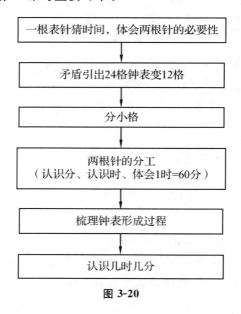

图 3-20

教学过程：

一、游戏引入，体会分针必要性

1. 认一认钟面上出现的这些时刻（3时、3时半、3时多）

2. 小结：看来，通过时针，我们只能知道是3时多，要想知道到底多少分，还需要谁的帮助啊？（分针）

【设计意图】带领学生对一年级所学知识进行复习，在认时间的过程中体会分针出现的必要性，让学生体会钟面上实际上是有两个指针在起作用。

二、操作体验，自主学习

(一)24 格变 12 格

1. 出示 3 时 15 分

现在分针来帮忙了，现在钟面上出现了几根针？这两根针各自有什么特点？

这根短短的、粗粗的针叫时针，用来指示几时。这根长长的、细细的针叫分针，用来指示几分。

记住它们的样子，我指哪个指针你就快速说出它的名字。

跟同桌说说你钟面上的时针和分针。

那你知道时针和分针是怎样运动的吗？你能用动作表示吗？

时针和分针是沿着这个方向运动的，这个方向就叫顺时针运动方向。伸出手来比划一下。

让你的小闹钟的指针按顺时针方向走起来吧！

现在请你猜一猜现在钟面上的时间是几时几分？

预设 1：3 时 30 分。5＋5＋5＋5＋5＋5＝30。

①30＋30＋30＋30＝120 与一圈 60 分发生冲突了。

②1 圈 60 分，1 圈有多少个格？(24 个)那每个格是几分呢？由于现在大家还没有学到那么多的知识，我可以告诉大家，1 圈 24 个格是 60 分，每格应该是 2 分半，和你所认为的每格 5 分发生冲突了。

我们再来看 3 时 15 分。请你说说你是怎么想的。

①生活中这个位置就是 15 分。

②要想满足一圈 60 分，分针指到这个位置就应该是 15 分，15＋15＋15＋15＝60。

师：如果这表示 15 分，那你的 5 分在哪儿呢？2 个格是 5 分，一个格是几分？(2 分半)

2. 出示 3 时 40 分

请你说出这个钟面所表示的时间，先看时针，是几时多？(3 时多)再看分针，你在数几分的时候有什么感觉？(2 分半 2 分半地数太麻烦。)

想个什么办法更好数呢？

哦，你们的意思是把 2 个格合并成 1 个格，5 分 5 分地去数更方便，更好数。这样，1 圈就由 24 个格变成了多少个大格呢？我们一起数一数。(板书：

大格：12 个)1 大格是 5 分。(这是 1 个 5 分、2 个 5 分……8 个 5 分)8 个 5 分是多少分呢？结论：40 分。

40 分我们已经数好了，再看时针，指向这个位置还合适吗？应该指向哪儿？为什么？

继续往后数，9 个 5 分、10 个 5 分、11 个 5 分、12 个 5 分，正好一圈。1 圈是多少分呢？我们继续数，45，50，55，60——1 圈是 60 分。

(二)分出小格

出示 9 时 8 分

请你说出这个钟面表示的时间。为什么大家说的不一样？

想什么办法使人一眼就能准确地看出几分？

哦，你们的意思是说在每个大格里再分出一些小格，分针指向第几个小格就是几分。

每个大格分成几小格呢？为什么分 5 小格？1 格 1 分。刚才我们知道 1 圈是 60 分，那 1 圈一共是多少个小格呢？(板书：小格 60 个。)

(三)两根针的分工

1. 认识分

如果分针走这样的 1 小格，你知道是多长时间吗？(边提问边演示，介绍 1 分。)

(1)请你利用手中的学具，让分针走 1 分。(先自己操作，再实投演示。要演示出分针是从哪儿走到哪儿的。)钟面上只有这一个 1 分吗？谁能再指一个？也就是说分针只要经过任意 1 小格就表示 1 分。

(2)师操作分针走 5 分，仔细观察现在分针走了几分？说说你是怎样想的。

(3)谁能上来拨一拨，让分针从 12 开始走到任意位置，其他同学判断分针走了多少分。[小结：分针从 12 开始，走了几个小格就是几分。]

2. 认识时

分针的工作情况我们了解了，再来看看时针，看它是怎么走的？是多长时间？(边提问边演示，介绍 1 时。)

刚才我们说过，时针从 12 开始，每走 1 大格是 1 时，走到 3 时，走到 5 呢？[小结：时针从 12 开始，走到几就是几时。]

3. 体会 1 时＝60 分

刚才同学们分别观察了分针和时针的工作情况，想不想看看它们一起工

作时的样子啊？（分 3 遍观察）

（1）先观察时针是怎么走的？是多长时间？（时针走了 1 大格，是 1 时。）

（2）再观察分针是怎么走的？是多长时间？（分针走了 1 圈，是 60 分。）

（3）两针一起观察，看看你有什么发现？小组交流想法。

〔小结：两针同时开始同时结束，时针走 1 大格，分针正好走 1 圈，板书：1 时＝60 分。〕

（四）总结

同学们，你们特别出色，通过观察和思考，对时间又有了更深入的了解。开始我们发现了 1 根针不能精确地表示时间，就出现了第二根针——分针。

从 24 格的钟表中又发现 2 分半 2 分半地数格太麻烦，同学们想到了一个特别好的办法，两格合一格，5 分 5 分地数更好数，这样就出现了 12 个大格的钟表。

为了更加精确地表示时间，同学们还想到了把每大格分成 5 小格，就形成了现在的钟表。你们可真了不起。现在我们就一起来辨认一下这两个钟面上的时间是几时几分。

（五）认识几时几分

辨认时间

5 时 17 分；

9 时 55 分。

（先独立辨认，再同桌交流，最后总结辨认几时几分的方法。）

〔小结：先看时针，时针走过几就是几时多，再看分针，分针从 12 开始，走了几个小格就是几分。〕

第二课时，第二轮的教学反思：

在一年级的基础上继续学习，从 24 个大格引入，整时和半时都能解决，当既不是整时也不是半时的时候一根针就不能清楚地表达时间了，于是引出第二根针出现的必要性。随着第二根针的引入，新的问题再次出现，即：从 24 格变成 12 格，时针和分针如何分工以及如何分出小格。在这三个问题中 24 格变成 12 格是非常关键的，在 24 格的圈上分针表达 60 分就会出现困难，也就是会有小数的出现，所以需要把 24 格变成 12 格。为了更清楚地表达分针所走的时间还需要进行小格的划分，到此，一个现代意义上的钟表就形成了，然后再进行几时几分的教学。

在这节课中，重点让学生体会三次矛盾。第一，体会1根指针的作用只能指出几时，需要分针具体指出几分。第二，在24大格中认时间有麻烦，变成12大格。第三，体会分小格的必要性，怎样分让学生动手，暴露出学生的问题。

整节课把时间看作是一个被测量的物体，在创造测量时间的尺子中也是对钟表结构的深刻剖析，对"认识时间"更加深厚的理解。但是，还是有一些问题需要再思考、再研究。如：24大格的钟表与学生的生活认知发生了冲突，但为什么要变成12大格？怎样变？这些问题对教师和学生又是一个全新的挑战。

（三）第三轮 第二课时主要环节：

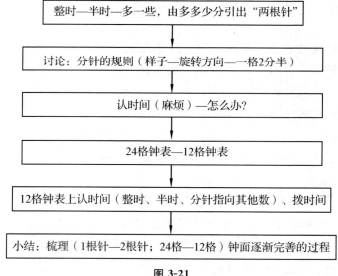

图 3-21

教学过程：

活动一：游戏引入，体会分针必要性

1. 认一认钟面上出现的这些时刻（3时、3时半、3时多）。

2. 小结：看来，通过时针，我们只能知道是3时多，要想知道到底多少分，还需要谁的帮助啊？（分针）

3. 提问：你们说的都不一样，为什么说不清楚了呢？

小结：当我们表示整时和半时这根小时针就可以帮我们指示清楚了，如果想知道不是整时、半时的其他时间，像刚才这个，到底比 3 时多多少分就困难了。

4. 提问：那可怎么办呢？你有办法知道它表示的准确时间吗？小组讨论。

预设 1：把每小时间的一大格再平均分成 60 小格。

说想法，再实际画一画。

是个办法，听着很有道理，那你们说说这到底是几点？

预设 2：把每小时间的一大格平均分成 5 小格（模仿生活中的钟面）。

这样分的话一小格表示多少分？

这是几时几分？——不方便得知答案，还要细分，最好一格代表 1 分。

预设 3：再有一根针表示几分——分针。

小结：这位同学的主意不错，我们让时针只负责小时，再来设计一根分针负责多多少分的问题，两根针每根负责一个任务。你们觉得怎么样？

5. 分针的规则

(1)分针你打算设计成什么样的？

这根短短的、粗粗的针叫时针，用它来表示几时。这根长长的、细细的针叫分针，用它来表示几分。（多找两个学生来认。）

(2)0 分在哪？

(3)它怎么转呢？你能用动作表示吗？

转动一圈表示多少分比较合适？

(4)那一格就是多少分？2.5 分。

【设计意图】在这一环节中，学生观察只有一根指针和只有 24 个大格的钟面读数时几时和几时半都没什么问题，但遇到几时几分这样的时刻就出现读不精确的问题了，这时要引导学生想办法，学生依据自己以往的生活经验会想到两个办法，一是增加一根指针；另一个就是要把这些大格再继续细分。

活动二：完善钟面，24 格变 12 格。

1. 出示 3 时 15 分

现在请你猜一猜现在钟面上的时间是几时几分？

1 圈 60 分，每格应该是 2 分半，我们 2 分半 2 分半地数出是 3 时 15 分。

2. 出示 3 时 40 分

我们再来看这个钟面，它所表示的是什么时间，先看时针，是几时多？（3 时多）再看分针，你在数几分的时候有什么感觉？（2 分半 2 分半地数太麻烦。）

是的，数起来很麻烦，我们设计的钟表好像不太方便，很难快速、简洁地判断时间，这是怎么回事呢？哪里不太对劲？你有什么办法改变一下，让它变得简单些吗？

预设1：把2个格合并成1个格，5分5分地去数更方便、更好数。

预设2：我们常见的钟表都是12个大格的，这个是24个大格。

你们平时见到的是像咱们前面见到的24大格还是12大格的呢？

一天明明有24时，为什么咱们家里的钟表或手表上见到的却是12个大格的呢？12个大格能表示出一天的时间吗？那样的话每格又代表多少分呢？数起来方便吗？

生试说。

师屏幕演示：一天的24时就是两圈，每格表示5分，一圈是60分，也就是1时。两针同时转动。

3. 2时整，时针、分针分别指向哪儿呢？拨一拨。

2时半呢？

4时5分呢？

8时15分？

9时8分呢？思考题。

〔小结：先看时针，时针走过几就是几时多，再看分针，分针从12开始，走了几个小格就是几分。〕

【设计意图】在认时间时发现24格不好用，引发学生的思考：该怎么办？思考发现将24格变成12格更容易观察。在分的过程中体会1大格是5分，一小格是1分，这样处理，学生的学习较扎实。

活动三：梳理本节课所学内容

同学们特别出色，通过观察和思考，对时间又有了更深的了解。开始我们发现了1根针不能精确地表示时间，就出现了第二根针——分针。

从24个格的钟表大家又发现2分半2分半地数格太麻烦，同学们想到钟面上有12大格更为方便，这样就出现了12个大格的钟表。

为了更加精确地表示时间，同学们还想到了把每大格分成5小格，这样，就形成了现在的钟表。

第三轮　第二课时教学反思：

第二课时，教师精心准备了24格带有一个表针的钟表学具和12格带有两个表针的钟表。并且充分凸显矛盾，让学生去思考，使得学生对"两根针"和"12 格"的需求水到渠成。在本节课的学习中，出现两次"变"，一"变"是一根指针变两根指针；二"变"是 24 格变 12 格，并将 12 大格继续分成 60 小格。学生对于钟表的钟面为什么要设计成现在的样子有了一个初步的了解，在变的过程中也让学生体会到认识钟表的复杂性，因为在钟面上有多个指针，每个指针都有自己独特的作用，以前仅靠长与短，走得快与慢来区分这些指针，现在通过这些活动才让学生深刻体会到加入"分针"的必要，以及它的功能和作用，学生对钟表也有了一个较清楚的认识，既不会弄混，还了解了它的功能。为后面认几时几分打下了坚实的基础。再就是格的变化，由 24 格变成 12 格，再由 12 格分出 60 小格，这在以往的教学中是没有的，学生对于这些格的认识主要是通过数一数的活动，很少有学生会想到为什么要这样分，这样分跟我们所认识的时间有什么样的关系。在操作的过程中，不仅加深了学生对时间的认识，更让学生学会了反思和思考。

四、三轮课带给我们的思考

经过三轮课的实施与反思，我们对时间的特性更加清晰，在不断的改进与反思中，我们坚信，"认识时间"不应仅停留在学会认识时间、计算时间，而应该把眼光放得再大一些、再远一些，立足于学生的发展。这也让我们感受到：一节好课的呈现首先要有"想法"，其次要经过"打磨"，在不断的打磨中调整，最终成型。另外，我们还想到一个新的思考角度。时间是由分割产生的，当人们约定一起做一件事时就需要划分出一个时间段，并且在对精确时间的不断需求中会把一天的时间不断细分：一天—白天和黑夜—上午、中午、下午—时—分（每 1 时都分成 60 分，在钟面上没法实现，需要一圈表示 60 分，需要时针和分针的协调）。那么，对于认识时间到底是分割还是组合？我们会在以后继续研究。

引　言

　　"数的认识"是小学数学的重要内容，而自然数的认识又是一切数学学习的起点。同样的数字在不同的数位上表示着不同的意义，数的起源从何而来，位值制思想又是怎样诞生的？新教材对这部分内容改动较大，教材改动背后透视出哪些知识本质呢？我们的学生对这部分内容掌握多少呢？在教学实践中我们该怎样实施呢？这一系列问题都困扰着我们，带着这些疑问，我们开展了一系列的课例研究。

第一节　追根溯源　挖掘本质

　　用简洁的数字符号在不同的位置表示不同的数，看起来是如此简单的记数却经历了上千年的锤炼。小学生在认识整数的过程中要分为五个阶段，学生认识数的起点是什么呢？数的认识要经历一个怎样的学习过程才能让学生真正地理解数呢？这个学习过程是否与数的发展史有相似的地方呢？让我们一起翻开历史，走进数的起源。

一、数的起源

　　翻开历史，人类由于生产的发展，人口的增加，弄清和记录财产的数量的需要强烈刺激人们要记录集合的基数，于是学会了一种技巧来帮忙，这种技巧就是计数。"计数"的发展导致"记数"的产生，在经历了实物计数、手指、体位计数后，人们终于用"结绳""刻痕"的方式，把数实实在在"记录"下来。

---

　　① 本研究报告由刘文静、贾素艳执笔。

（"上古结绳而治，后之圣人易之以书契。"《周易·系辞下》）其中，手指计数也是以"十"为数基的记数法产生的根源。（今天十进制的广泛采用，只不过是我们大多数人生来具有 10 个手指这样一个解剖学事实的结果。——亚里士多德）

无论手算、结绳还是刻痕所记下来的数都只是物体集合蕴含着的数量特性从一个物体转移到另一个物体集合上，也就是说，人们还不能脱离具体的物的集合来认识"数量"。刻痕后来发展成为文字，发明了文字，相应就有数码。

如图 4-1 所示，埃及象形数字，古巴比伦楔型数字，我国最早使用的计算工具叫作算筹。用算筹记数有纵横两种形式：算筹记数采用位值原则，而且是十进制。

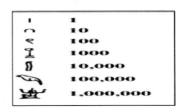

图（十二）

〖埃及象形数字〗　　〖甲骨文卜辞中记数〗

〖古巴比伦楔型数字〗　　〖算筹记数〗

图 4-1

1202 年，意大利《计算之书》中广泛使用了由阿拉伯人改进的印度数字，它标志着新数字使用的开始。这本书在第一章开头就写道："印度的九个数目字是'9，8，7，6，5，4，3，2，1'，用这九个数字以及阿拉伯人叫作'零'的记号'0'，任何数都可以表示出来。"

纵观历史，数的发展经历了从最开始零散的实物计数——有"计数单位"概念的结绳计数—用各种数码计数—简洁的印度—阿拉伯十进位值制记数法，这个过程是从零散的无结构计数到具有位值制思想的有结构记数。从一个计数单位到多个计数单位的，计数单位的发展促进了数的发展，然而这个抽象的过程是非常漫长而又曲折的。

二、数的多重意义和认识

我们了解到数的发展历史，那么历史中提到的计数单位、十进制、位值制到底指的是什么呢？它对学生学习数的概念有哪些帮助呢？让我们在历史中继续寻找答案吧。

"单位"是度量的基础，在度量连续量时，产生了度量单位。如，度量长度的单位有米、分米、厘米等；度量质量的单位有克、千克等；度量容积的单位有升、毫升等；度量时间的单位有时、分、秒等。在度量不连续量时，即计数集合元素的个数时，就产生了自然数。计数个数时，既可以"一个一个"地数，也可以"几个几个"地数，正是"人有十根手指这样一个解剖学的事实"使得现在主要用十进制来表示自然数。因此，自然数的计数单位最小是"1"，以"1"为基础，"十个十个"地"聚集"就产生了新的计数单位"十""百""千"……自然数没有最大的计数单位，自然数具有无限地、永不停息地数下去的特征。无论计数过程还是自然数的表示，不同位置决定了不同的计数单位。

位值制，又叫位值原则。记数时，同一个数字由于所在位置的不同，表示的数值也不同。就是说，一个数字除了本身的值以外，还有一个"位置值"。小学接触的是十进位值制。通过位值制，可以用有限的几个数字表示无限多个自然数。英国著名科技史专家李约瑟博士评价说："如果没有这种十进位制，就几乎不可能出现我们现在这个统一化的世界了。"18世纪著名数学家拉普拉斯曾写道："用十个记号表示所有的数，每个记号不但有绝对的值，而且有位置的值……这是一个深远而又重要的思想，今天看起来它如此简单，以至我们忽视了它的真正伟绩……而当我们想到它竟逃过了古代最伟大的数学家阿基米德和阿波隆尼乌斯的天才思想的关注时，我们更感到这个成就的伟大了。"

由此可见，"数的认识"的核心内容包括对数的体验、认识计数单位及它们之间的关系等，理解"位值"含义，即不同位置所代表的数值不同。"数的认识"的核心是让学生把数(shù)和数(shǔ)建立联系，其中包含了一一对应的思想、度量的思想，由此，在数概念教学中数数活动非常重要，学生在数数活动中经历数的抽象过程，逐步理解数的十进和位值含义。

再来看看我们教学的依据《课程标准(2011年版)》，书中指出：数感是指关于数与数量、数量关系、运算结果估计等方面的感悟。建立数感有助于学生理解现实生活中数的意义，理解或表述具体情境中的数量关系。①

这里提到的数感，它的内涵是什么？数感在数概念的教学中怎样体现呢？我们再次查阅了一些资料，从一些专家的阐述中有所感悟。

麦金托什等人认为，数感主要在三个领域起作用：数知识和数的简便性——数的顺序感，多样化的数的呈现形式，数的绝对和相对数量大小的判断，思考数的基准参考体系。运算知识和运算的简便性——理解运算结果，意识到所应用的规则，运算之间的关系。把数、运算的知识及其简便性应用到需要用数进行推理的问题中——理解问题情境和合适的解题策略之间的关系，意识到存在多样化的数之呈现方式，应用有效的数的表征形式（或方法）的倾向，检验数据和结果的倾向。

刘加霞教授认为数感的主要内涵包括：（1）对数的现实意义的敏感。（2）能用多种方法表示数：数的多模式表示并建立联系。（3）灵活运用数的多模式表示进行口算与估算。（4）根据数的特点选择合理的算法。（5）对运算结果的合理性的追问。（6）喜欢数，对其有积极情感，并愿意在日常生活中用数表达和交流。

可见，数感是人对数与运算的一般理解，它是一种主动地、自觉地或自动化地理解数和运用数的态度和意识。在数学教学中发展学生的数感主要指，使学生具有应用数字表示具体的数据和数量关系的能力；能够判定不同的算术运算，有能力进行计算，并具有选择适当方法（心算、笔算、使用计算器）实施计算的经验；能根据数据进行推论，并对数据和推论的精确性和可靠性进行检验，等等。

第二节　教材的呈现

今天我们看似简单的记数却经历如此漫长的历史，诸多数学家对数的概念的理解分析如此丰厚，那么对于小学生的数学教材又是如何呈现的呢？下面，我们从数概念建立的过程和教学中的学具使用两个方面来分析教材。

---

① 中华人民共和国教育部制定．义务教育数学课程标准（2011年版）．北京：北京师范大学出版社，2011.

一、小学阶段数概念的建立过程

(一)数的认识

表 4-1 整数的学习在小学的五个阶段

	直观模型和学具	说明
10 以内数的认识	生活模型 生活模型缩记符号	让学生具备初步的抽象数概念的意识。
20 以内数的认识	小棒 小方块 计数器	由原来的 10 个一组成 1 个十,学生开始形成十进制的想法。 小棒和第纳斯木块都是齐性的结构化学具,能很好体现计数单位的直观形象,及计数单位之间的关系。 计数器是非常抽象的学具,它综合体现了位值制和十进制。
百以内数的认识	实物 实物符号 小棒 计数器	教材采用小棒和计数器记数,在学习运算时,教材也比较多地采用小棒和计数器以及有序排列的小正方块来帮助学生理解算理,以及进一步理解十进制和位值制。 但是,本阶段教材并没有呈现用小正方块表示 100 这个模型。
万以内数的认识	第纳斯木块 计数器 数位顺序表	本单元教材直接采用表示 1000,在读写中用计数器和数位顺序表帮助学生理解十进制和位值制。
大数的认识	第纳斯木块 计数器 数位顺序表	数位顺序表逐渐完整。

　　纵观 5 个阶段的整数认识(图 4-2),教材在反复让学生经历从现实情境中抽象出数概念的过程,并且,为了帮助学生认识、理解"计数单位"以及相邻计数单位之间的十进关系,理解"位值制"呈现的数学模型是由直观逐渐到抽象的。

直观实物模型　抽象符号模型　小棒直观模型　计算器直观模型　计数单位直观模型

图4-2　整数认识的阶段

（二）数的读写

10以内的读和写依赖于实物和生活实物符号；20以内数的读写学生第一次接触计数器，并借助小棒理解计数器位值制；100以内数的读写借助数的估计引导学生在计数器上拨数，然后写数，万以内数的读写只用计数器让学生读数和写数；在读写更大的数时，由于数位的增多，教材借助了数位顺序表读写更大的数。

在数的读写方面，教材同样利用不同的学具从形象到抽象逐步帮助学生读数和写数。从一开始的实物到最后的数位顺序表，每一次认识都是对计数单位的再理解。

（三）数的比较

在一年级上册认识10以内的数后，学生第一次接触比较的概念，教材借助实物图让学生摆一摆，理解一一对应是比较的基本方法；在比较100以内的数时，教材借助第纳斯木块和计数器帮助学生形象地理解数的大小；在比较万以内的数和更大的数时，教材没有呈现任何学具，让学生直接比较。在数的比较方面，教材同样是逐步抽象帮助学生理解数的大小的。

纵观五个阶段的数的认识，数的读写以及数的比较，结论如下：

第一，"自然数认识单元"的核心知识、核心思想就是"计数单位"、"进位"和"位值"以及"度量的思想"①"一一对应思想"、"位值思想"。

第二，为了帮助学生习得核心知识、核心思想，教材安排了不同层次的

①　度量思想涉及四个方面：单位、度量的结果为非负有理数、叠合性（运动不变性）、有限可加性。具体到数概念单元为对离散量的度量，即计数活动：计数单位、数数结果为非负有理数、数数结果与物体空间排列次序无关、可以分别计数部分再相加，结果不变。

数数活动，正向及逆向的一一计数、按群计数（两个两个数，五个五个数、十个十个数、一百个一百个数……）等。表明数数活动是数概念学习中的重要活动，每部分的数概念教学也要帮助儿童不断积累数数的数学活动经验。

第三，教材提供了大量的直观学具，这些学具的层次和水平不尽相同，在帮助学生理解数概念的作用上也有区别。学具包括无结构的实物、有结构的实物、计数器/第纳斯木块、数位顺序表等。那些物理属性相同、有逻辑结构的学具（即齐性、有结构的学具）对于帮助学生建构起对数概念的认识具有重要作用。

第四，教材呈现的学具是从形象到抽象。随着计数单位的增多，数位的扩大，每一次认识都是对十进制和位值制的再理解。

二、教材中学具的呈现方式

通过文献梳理可以发现，直观模型在学生数概念形成的过程中是非常重要的，教材中提供了第纳斯木块这个直观模型，这个模型对于学生有哪些帮助？又有哪些不足呢？还可以使用什么样的直观模型来帮助学生认识万以内的数呢？对比了新旧教材后，我发现北师大版教材变动很大，增加了很多模型，教材为什么要这样变动，新增加的模型对于学生理解数的本质到底有多大价值呢？

（一）数的认识

北师大旧版教材二年级下册

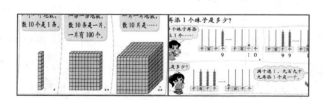

北师大新版教材二年级下册（数一数 1）

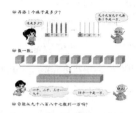

北师大新版教材二年级下册（数一数 2）

图 4-3

对比图 4-3 后，我发现，北师大版旧教材只用第纳斯木块一次认识千和万以内的数。而新教材把"千"和"万"分两次认识，这样的安排有利于让学生在丰富的数一数活动中充分感知每一个计数单位的大小，不急不躁。另外，在教材呈现上也做了较大的改动，把第纳斯木块从十、百、千模型一一列举，弥补了"百"的模型空缺。与此同时，新教材还添加了计数器模型。这样充分体现教材注重让学生形象地体验计数单位的大小，第纳斯木块和计数器以及数位顺序表合起来，更有利于学生理解位值制。

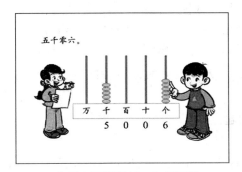

北师大旧版教材二年级下册

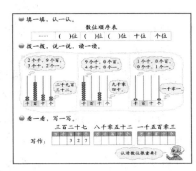

北师大新版教材二年级下册

图 4-4

(二)数的读写方面

改动之前教材只用计数器帮助学生读写数(图 4-4)，改动之后新教材在读写千以内数时用计数器和数位顺序表让学生再次感知计数单位的大小，同时方便学生读数和写数。可见，在读写千以内数时，用计数器学生是可以理解的，在读写万以内数时，如果再次借助第纳斯木块帮助学生感知计数单位的大小，对学生感悟数的大小是有非常帮助的。

北师大旧版教材二年级下册

北师大版新版教材二年级下册

图 4-5

（三）数的比较方面

对比新旧版本的教材图 4-5，发现新版教材借助数位顺序表帮助学生理解数的大小；旧版教材直接抽象为数的比较。我们认为增添数位顺序表对于数的比较大小具有形象的支撑作用，如果教学中能够从计数器过渡，可以加深学生对计数单位的再认识。

（四）新增添内容——有多少个字

这部分内容隶属于估算内容，在旧版教材中是以习题的形式呈现的，而今新版教材把它单立门户，有何道理呢？我们认为，估算的内容是数感的一部分，通过数一数、估一估等活动对于培养学生的数感起着至关重要的作用。

通过对比改版前后的教材，我们对"万以内数的认识"有了如下的结论与思考：

1. 万以内数的认识是学生学习的起点

万以内数的认识是学生在一年级学习了百以内数的认识的基础上学习的，学生有着丰富的生活经验，虽然没有从教材中正式认识过大数，但在生活中这些数学生基本都听过、见过，在学习"万以内数的认识"之前，学生已经学会了一个一个、十个十个地数数，已经认识了"个、十、百"的数位名称、顺序、位值，也知道其相邻计数单位之间的进率，会读、写三位数，会比较三位数的大小。所以对于这部分知识，教材的第一课时直接让学生体会新的计数单位之间的关系，即认识新的计数单位"千"和"万"并体会计数单位之间的关系。

2. 数数活动重在体验计数单位

数的认识是学生数概念形成非常重要的一方面，尤其对于大数的认识，学生虽然有些生活经验但并不系统，也不能感知这些数到底有多大。因此，在教学中，要让学生在原始的、充分的数数的活动基础上逐步认识新的计数单位"千"和"万"，让学生经历四次满十向高一级单位进一的数数过程，反复体验十个低级单位等于一个高级单位；深刻建立"万"这个计数单位的大小，从数第纳斯木块、数绿豆，到 10000 万人有多少的体验，三次强化使学生对计数单位"万"有了真切的感受；体会十进位值制的意义，并完善数位顺序表。

（1）读写大数重在体验数位和计数单位的个数

读数和写数也是渗透位值制的一个重要途径，通过读数和写数不仅可以让学生更加明确数的组成，因为数的组成是数位概念的具体体现，而且更能体会一个数中数位和计数单位个数对其的影响，学生在读数、写数活动中，可以更深刻地体会十进位值制的简洁和有效，既进一步培养了学生的数感，又让学生对大数有了更深一步的认识。

（2）比较数的大小，进一步渗透位值制

数的大小比较是在学生对数的组成有了深刻理解的基础上进行的，在比较大小的过程中，更能体现一个数字所在的数位和计数单位的奇妙作用，比如 2341 中的"2"就表示 2 个千，而 1234 中的"2"则表示 2 个百，学生在比较大小时，必须要关注计数单位才能快速、准确地知道结果，因此，数的大小比较是渗透位值制的有效途径。

3. 关于学具的思考

数的认识阶段，对于小正方体模型，没有百的认识，学生能否接受 1000 这个大正方体？教学中是否需要先让学生理解 100 的表示方法？

数的读写阶段，教材在万以内数的读写部分只呈现用计数器来读数和写数，对于学生来说，在第一课时刚刚建立万以内数的概念，在教学中是否需要在读写这一课时借助小正方体来过渡？这样做的价值是什么？

数的比较阶段，从最初建立比较的概念，到比较百以内的数，教材分别借助实物、第纳斯木块和计数器来帮助学生理解数的大小。但是在比较万以内的数时，教材没有呈现任何学具，教材的意图是怎样的，在教学中是否需要再借助第纳斯木块或者计数器帮助学生理解呢？

第三节　简单的记数并不简单

在小学阶段，学生在一年级至四年级就已经完成整数的学习，其中在二年级下学期就学习了万以内数的认识以及三位数的加减法运算。数数活动是数的认识中的重要活动，在入学后仅两年的时间里，学生究竟对数理解了多少呢？有了百以内数认识的经验，学生数数的现状是怎样的？学生能否流畅计数万以内的数？对数的意识理解多少？在万以内数的读写中的困难和问题有哪些？对数之间的相对大小关系的感知如何？

我们在万以内数的认识单元学习之前，对本年级 70 人分别从数数、数的意义、数的读写、数的估计、数的比较大小几方面对学生进行前测。

一、调研题目的设计

本问卷的设计是依据《课程标准(2011年版)》中对数感的界定，数感主要指关于数与数量、数量关系、运算结果估计等方面的感悟。第一次调研我们设计了三个维度的调研题目，但是这个题目对于二年级学生来说题量太大，因而改为参考数感的前两个方面，设计了两个维度的测试题目：

维度一：数与数量——数的意义理解。

分为四个小维度：

1. 数数的水平

测试题如下：

1. 你能接着数下去吗?

①185，186，187，(　　　)，(　　　)，(　　　)，(　　　)。

②298，296，294，(　　　)，(　　　)，(　　　)，286，(　　　)。

③3260，3270，(　　　)，3290，(　　　)，3310。

④5725，5825，(　　　)，(　　　)，6125。

图 1

2. 对数的意义的理解，用各种模式表征数

测试题如下：

2. 1个⬚代表1，下面每个数中的"3"能用哪个图形表示，你能用线连一连吗?

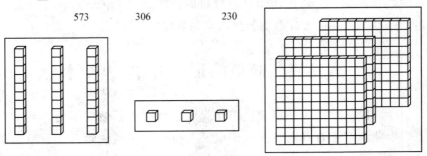

573　　　　306　　　　230

3. 下列哪种方式表示10个1000? 圈出你的答案，并给出理由，可以写出来，也可以画出来。

A. 100　　　　　　B. 1000　　　　　　C. 10000　　　　　　D. 101000

4. 用你自己的方式表示这个数(至少用两种方式)。

二百一十五

图 2

3. 数的读法和写法

测试题如下：

你会读写数吗？

①2015 读作： ②3006 读作： ③一千零三 写作：

图 3

4. 结合实际情境对数量的感悟

测试题如下：

6. 一共有多少个？

(1)你的估计：＿＿＿＿＿＿

(2)把你估计的方法写一写，画一画。

图 4

维度二：数量关系——对数与数之间多种关系的理解

本维度着重考查两个维度：

1. 对数的相对大小关系的感悟

测试题如下：

189 和 201 大概在数轴上的哪个位置？请你用"·"标出来。

```
├──────┼──────┼──────┼──────┼──────┼──────→
0      50     100    150    200
```

图 5

2. 用数进行推理

测试题如下：

8. □里可以填几？

5□7<523 706>□01 32□>325

图 6

二、调研过程及调研结果

调研时间：4 月初 学生答题时间：35 分

八道小题的调研结果如下：

表 4-2　关于"生活中的大数"学生调研统计表

维度		题号		答错人数	错误率/%	典型错例
数与数量	数数水平	第1题	①	4	占 5.7	
			②	12	占 17.1	
			③	14	占 20	
			④	10	占 14.3	
	对数的意义的理解，用各种模式表征数	第2题		8	占 11.4	8人全部把十位上的3和百位上的3混淆
		第3题		12	占 17.1	12人全部认为10个1000是101000
		第4题		2	占 2.9	2人只把二百一十五改写为215，但是不能用其他方式表示这个数
	数的读法和写法	第5题	①	68	占 97	60人把2015读作二零一五；8人把2015读作两百一十五
			②	36	占 51	31人把3006读作三零零六；5人把3006读作三百零六
			③	7	占 10	2人把一千零三写作103；5人把一千零三写作10003
	结合实际情境对数量的感悟	第6题		60	占 85.7	采用实际数数而不估数
数量关系	对数的相对大小的感悟	第7题		22	占 31.4	189的位置找不准 204的位置离200太远
	用数进行推理	第8题		20	占 28.6	错误都集中在 32□>325 上

三、调研结果的进一步分析

（一）学生理解数的意义吗？

学生在百以内数的学习中，流畅计数百以内的数已经没有问题，并通过小棒和计数器理解了百以内两位数在不同数位表示不同的意思，那么学生能够把这种认识自觉迁移到万以内大数的学习吗？学生对万以内大数的意义理解到什么程度呢？

第1题的②③④题中可以看出当学生遇到"拐弯儿数"的时候，困难较大。同时也反映出学生对十进制"满十进一"理解不透彻。

第2题可以看出学生对573中的3表示"3个一"没有问题，对306和230中的"3个百"和"3个十"混淆。这主要由于教材中只呈现过表示3个一和3个十的小正方体模型，在认识百的时候，并没有呈现小正方体模型。

那么学生没有见过模型，是怎样理解100，1000，10000呢？在第4题的测试中，学生的答案多姿多彩，而且出错率较低。（如表4-2所示）

第一类　用实物符号表示（只能有1个表示1，如图4-6所示）

第二类　具有计数单位的意识（能有意识地用1个代表多个。）

（1）只用计数器表示（5人，如图4-7所示）

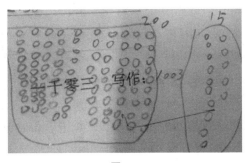

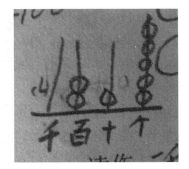

图 4-6　　　　　　　　　　　　　　　　图 4-7

（2）只用实物符号表示（4人，如图4-8所示）

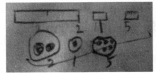

图 4-8

（3）二者兼顾（26 人）

特别有意思的是学生在用实物符号表示多种多样。

①十进制意识

②五进制意识（2 人）

学生作品十进制　　　　　　　　　学生作品五进制

图 4-9

第三类　用阿拉伯数字表示（2 人），表示为"2015"。

有了百以内的学习基础，多数学生已经初步形成了计数单位的概念，他们能够用多种多样的方式表示一个数。其中，用实物符号和计数器表示没有本质上的区别，只不过，单纯使用实物符号表示的学生对位置制的理解还不够深入，他们还是不能理解同样的数在不同数位上表示不同的意义。非常遗憾的是，由于二年级学生年龄小，前测题目题量不宜过大，我们在数的表征方面的前测还不够深入和全面。在以后的研究中，我们会举出更多的数（如四位数、五位数）让学生表征，看学生是不是真正理解数的意义并能灵活运用计数单位。

（二）会口头读出数就一定会写吗？

从第 5 题测试中可以看出学生读写数的问题非常大，主要错因是落写计数单位。但是，通过个别学生的访谈，大部分学生又都能口头读正确。

在第 5 题的第②③小题中，学生对于 0 的读写法也是比较困难的，特别是 0 占位的思想学生并不能充分的理解。

从这部分调研也可以看出，学生虽然能够用不同方式表征数，在表示数时，计数单位的意识非常明显，但是学生还不能灵活运用，并不能理解计数单位的作用和意义。

(三)什么时候有"估"的需求?

第 6 题的测试中,70 人中有 60 人采用实际数一数的方法。学生为什么没有"估"的需求呢?同样是和"估"有关的第 7 题,学生自然而然就有估的需求,并有估的方法,错题人数大大降低。为什么差别那么大?通过个别访谈我们了解到,学生普遍认为第 6 题没有必要估,通过实际数一数也很方便。但是第 7 题,确实需要估计 189 和 201 的大致范围才能找到它们在数轴的位置。可见,学生的"估"是需要合适的情境的。

(四)数的比较真理解吗?

在第 8 题的测试中,多数学生能够比较数的大小。第③小题 32 □ > 325 由于前面两道题的负迁移造成错题人数增多,通过再访谈,20 名做错的学生都能自己改正确。但是,当我让学生阐述比较大小的理由时,学生的回答是表面、肤浅的。以第③小题 32 □ > 325 为例。学生答道:6 大于 5,所以 □里填 6。可见,学生根本没有考虑十位和百位上的数,只是单纯地考虑某一个数位。

四、我们对于教学的思考

(一)利用不同层次的学具帮助理解数的意义

从数的意义测试结果看,学生认识大数时依然需要模型的支撑,从形象逐步抽象理解,这样学生才会真正理解位值制和十进制的道理。教学中,可采用实物图直观感悟数的多与少,利用小棒形象理解满十进一的道理,通过第纳斯木块的整齐排列的特点帮助学生抽象理解计数单位,最后用计数器抽象理解数位和计数单位。有了不同层次学具的支撑,学生理解数的意义从形象逐步抽象的,这样的教学是扎实的、有效的。

(二)突出计数单位,加强读写数的学习

从数的读写方面看,在教学中需要借助第纳斯木块和计数器帮助学生巩固计数单位的大小和作用,让学生在数数的过程中充分感受到计数单位的重要性,最后一定落在笔头,写出数的读法,再次强调计数单位的重要性。

(三)创设合理的情境促进估的学习

《课程标准(2011 年版)》中,要求学生在第一学段能在生活情境中感受大

数的意义，并能进行估计。在第二学段也作出了同样的要求。学生对数的估计到底需要什么样的生活情境呢？显然，前测第 6 题的情境是不合适的。我们认为估计与度量的本质类似，二者都需要选择合适的单位。对于数的估计需要选用合适的计数单位来估计，在具体操作中需要选定标准。而前测第 6 题，学生不容易找到合适的标准，也就无从下手估计。因此，估计是需要合理的情境，需要标准和方法，这些在教学中该怎样体现呢？

首先，教学中应该创设合理的情境，便于学生选定标准。

如：小明说：我家离学校 300 米。

小红说：我家离学校的路程和小明家差不多。

小军说：我家离学校的路程比小明家远多了。

小红家有多远？（　　　）

小军家有多远？（　　　）

请选择合适的答案。A. 299 米　　　B. 1000 米　　　C. 359 米

其次，教学中应该循序渐进，帮助学生怎样找到标准，选择合适的计数单位。

参照《课程标准（2011 年版）》中的例 3 "100 张纸大约有多厚？"教学建议先感受 50 张纸，再感受 10 本书，最后想象 1200 张纸的厚度。

（四）巧用学具支撑理解数的比较

数的大小比较看似问题不大，但是通过访谈发现学生并不能理解数大小比较的方法。回想往届学生最容易错在"□ 里最大填几：912 ＞ □ 06 "。教学中，应该让学生充分说明比较的方法和理由，教师适当地利用第纳斯木块和计数器再进一步帮助学生真正理解比较大小。

看似简单的数的认识，通过调研我们发现学生真的存在困难，学生对于数的理解缺乏形象的支撑，结构的支撑，这不正是计数单位的作用吗？通过仔细思考，我们采用不同层次、不同结构的学具来帮助学生认识数，理解数的意义。学具的选择与使用在本单元中起着不可忽视的重要作用。

第四节　建构知识框架　深化对数概念的理解

教材分析和学生调研都是为教学服务的，我们"生活中的大数"单元的新授课、复习课分别进行了教学和思考：

一、"万以内数的认识"单元教学概述及教学片断

(一)单元知识概述

本单元的三节课，分别是"生活中的大数""数的读写法""数的比较"。我们想通过三节课的研究寻找学生学习的困难点，确定复习课的重点。

三节课我们是这样安排的：

第一节课"生活中的大数"：借助不同学具的对比让学生感悟计数单位的大小，通过实物、小棒、第纳斯木块和计数器四种学具理解十进制，理解位置值，教学过程从形象到抽象，更好地帮助学生理解数的意义，增强数感。

第二节课"数的读写法"：借助计数器和第纳斯木块对计数单位再一次认识和理解，学生对计数单位有了较深的感悟和理解，必定对数的读写有帮助。

第三节课"数的比较"：借助计数器让学生对于数的大小有一个形象的感知，便于学生对比较方法的理解。然后对三位数和四位数分类，在分类中借助数位顺序表总结数的比较方法。

(二)万以内数的认识的课例

环节一：借助生活中的图片感受大数。

环节二：感受"一千"。

1. 数"135"

(1)数一数你手中有多少根小棒或者多少个小正方体。

出示图片：135 个饺子，学生手里有 135 根小棒，135 个小正方体。

(2)把零散的学具整理后，一眼就能看出是 135。

2. 边摆边数"137"到"140"。

小结：10 个一就是 1 个十，凑够 10 个一就可以换成一条表示 1 个十。

3. 变"999"为"1000"。

认识"一千"。

4. 用计数器拨出"1111"。

说说你是怎么拨的？用那么多正方体才是 1111，怎么在计数器上只用 4 个珠子呢？

小结：10 个一就是 1 个十，凑够 10 个一就可以换成一条表示 1 个十。

　　　　10 个十就是 1 个百，凑够 10 个十就可以换成一片表示 1 个百。

10 个百就是 1 个千，凑够 10 个百就可以换成一个大正方体表示 1 个千。

5. 生活中的"一千"有多少？

一本数学书 100 页，自己想想 1000 页有多厚？1000 人？1000 个饺子？

环节三：感受"一万"。

(1)数小正方体"9999"到"10000"。

(2)用计数器拨一拨这个过程。

(3)生活中的"一万"有多少？

一个学校 2000 人，感受一下 10000 人有多少？10000 米有多远？

小结：10 个千就是 1 个万，凑够 10 个千就表示 1 个万。

(三)读数写数课例教学片断

零是一个具有非常丰富内容的整数，数码符号"0"的引进，是数学上采用位值制记数法的结果。在位值制记数法中，无论"0"占据了哪一个数位，都表明在这个数位上没有计数。"0"在读数和写数里也起着重要的作用，在数学计算里是一个不可缺少的重要环节。作为成年人，我们对零的作用和意义有比较深入的理解，但是，对于刚刚进行了两年数学学习的学生，"0"的出现无疑给他们带来了巨大的困惑，在万以内数的读写中，一会儿有零不读出来，一会儿不读的却要写出来，学生晕头转向。为什么这个与众不同的"0"给学生的理解与学习带来了重重困难？课堂上发生的小故事引起了我的思考。

【课堂教学案例回放】

案例 1："万位上没有珠子，为什么不用写 0"？

师：对照计数器上珠子写数，哪位有几个珠子，就在哪位写几，没有珠子用"0"占位。

生仿照写一个数 3008，订正后。

生 1：老师，千位前面的数位万位也没有珠子，为什么不写 0？

师：你想得真有道理，为什么呢？

生 2：不能写"0"，万位前面还有很多数位如果都写"0"，那这个数就写不完了。

生 3：万位即使写"0"，也是 3008，还是四位数，没有实际意义，所以只有中间和末尾的"0"要写，最高位前面的"0"不用写。

……

案例 2："4003 怎么读？"

师：根据读 100 以内数的经验，这些数你会读吗？说说看。

生：我会读 500（五百）和 7000（七千），5 在百位上，就读"五百"，7 在千位上就读"七千"。末尾的 0 都不读。

生：607 读作"六百零七"，我不明白 4003 中间的两个 0 该怎么读。

生：我来帮他。4003 的 4 在千位上，3 在个位上，十位、百位上是 0，读零就可以了，4003 读作"四千零三"。我是看着计数器读的。老师，我说得对吗？

师：你说得非常正确。读数时，一个数的中间不管有几个 0，都只读一个 0。

【我的问题】

第一，正如前面案例中学生所提的万位上没有珠子，为什么不用写零，作为教师是怎么理解的？进一步，"0"在记数中的作用是什么？

第二，在多位数的读写中，"0"带来的困难还有哪些？

第三，在"万以内数的读写"教学中，如何引导学生感悟"0"在记数及读数中的特殊性及价值。

【我的思考】

1. "0"在记数法中的作用

由"0"的历史可见，在数学中"0"的含义是很丰富的。

①"0"表示位值制记数法中的"空位"，还起到指示数码所在位置的作用。原始位值制记数法数码之间及末尾的"空格"就代表了它最原始的含义。

②"0"可以表示"一无所有"。这是儿童在小学数学学习中第一次认识"0"时就会接触的含义之一。

③"0"可以同其他的数一起参与到运算中。比如，自然数系有了 0，四则运算就增加了内容，从而丰富了自然数系的代数结构。

④"0"还可以表示起点或分界点。例如，在数轴上，0 表示正半轴和负半轴的分界点；在温度计上，0 摄氏度表示气温的分界点；在尺子上，0 表示测量的起点，等等。

有了"0"，位值制记数系统更加简洁明了，数学运算简便易行。有了"0"，世界变得更加精确。可以毫不夸张地说，"0"是数字中最重要和最有意义的数。没有"0"，便没有现代数学，也就没有在此基础之上建立的现代科学。

在案例1中，万位上没有珠子，不用写零，这是因为即便写上了也没有任何的实际意义，而且如果真的要写上零，那么前面会有无数个零，数位无穷，所以零也无穷。我们写数的意义是让人们知道准确的数值，既然写了没有任何意义，那么就可以不写，这也是数学追求简洁美的体现。

2. 多位数的读法与"0"

"多位数的读法和写法"这一单元的教学，是整个小学整数读法与写法教学的最后一个阶段。通过这个单元的教学，使学生能够正确、迅速地读写多位数，为以后更好地学习整数四则运算打下良好的基础。

在位值制记数法中，不同位置上的数字代表不同的值。完整的位值制需要有零号，否则35，305，3500等就无法区分。但对于学生来说，初次认识607，4003这样的数，他们无法辨别。在末尾的"0"可以忽略不读，但是，中间的"0"呢？读一个还是个都读出来成了他们心中的疑问。其实也不能怪学生疑惑，之前的读数中我们总是要求他们按数位读数，按照这个原则，中间是两个0的就应读成零零。因此如何解决学生的疑问，而又不与之前的教学相冲突就成为了难点。

教学中，教师可在学生掌握万以内数的读写基础上，让学生采取"先分级，后读写"的方法，就能收到较好的教学效果。所谓"先分级，后读写"，就是按照我国计数的习惯，先将一个多位数从右向左，每四个连续数位分为一个"数级"（最后一个数级不一定要满足四个连续数位，每一个数级的名称依次叫作"个级""万级""亿级"），然后从最高数级起按级读、按级写。

3. 暴露学生问题，引导学生感悟"0"的意义

对于研究人员来说，零的世界是奇妙的，但是对于学生来说，零简直就是他们的克星，学生经常在这个零上栽跟头，一不小心就会被迷惑。教师却可以利用学生对零的特殊感情，引导他们找到打败零的方法，让他们学会战胜零，挑战自己，战胜困难。

在案例1中，当我把生1的想法又抛给学生后，一石激起千层浪。看似学生七嘴八舌，实则句句有真理！学生的讨论是精彩的，结论也鲜明的，被大家认同的。但是，精彩的背后我也对自己的设计进行了思考。在读写数时，0本身与其他数字不同。1～9的数字数位有几个就写几个，唯独0表示"没有""空的"，但是读写数时，又不能不写0，它还表示一个最重要的作用，即"占位"。如果一开始，我把百位和十位空出来，让学生自己思考，或许会讨论出

38 与 3008 的不同，从而突显 0 的占位作用。这样设计就不会再出现讨论"万位是否还需要写 0"的问题了。

我庆幸在学生提出问题后，我没有直接回答而是让学生自己讨论。学生在对话中不断深入，不断理解，最后得出了正确的结论。再遇到问题时，我依旧会把问题抛给学生，锻炼他们的思维，创设课堂的精彩。

二、"万以内数的认识复习课"三重反思

复习是学生数学学习过程中的一个重要环节。复习课是帮助学生把单元知识梳理成网络，"万以内数的认识"对于学生来讲，看似没有什么难点，我们的复习课落脚点应该放到哪里呢？怎样使学生在复习课上既梳理了知识，又能对本单元内容有更深一步的认识，进一步培养数感呢？经过我们几次课堂实践和思考，我们最后把复习课定位在位值制。"万以内数的认识复习课"中我们思考了很多。

(一)复习课就是单元知识点的逐个呈现吗？

1. 核心环节

环节一：对计数单位"千"和"万"的认识。

环节二：整理数位顺序表。

环节三：复习数的读法和写法。

环节四：复习数的大小比较。

2. 第一次思考

复习课不是练习课，不应该是诸多练习活动的堆积，但也不应是单元知识点的简单再现。再现知识点难以激发起学生进一步学习的兴趣，学生需要有新的学习生长点。学生在单元学习过程中可能学习的是一些知识的片段，复习课需要建构起知识的结构，把片段连成整体。单元学习时，学生对数的含义，读数、写数的方法，比较大小的方法有了初步的理解，而复习的目的就是要对这些内容背后的核心知识有更深入的理解。因而，如何进行复习课的设计，以哪些内容作为切入点，连点成面就是教师需要思考的问题。

第一，对数的认识单元来说，无非是"计数单位""十进制""位值制"。在数的组成、读写、比较大小中，这三个内容都是非常核心的。

第二，突出核心内容需要借助一定的手段，因此，可以在复习课中进一步使用直观学具表征数与数的十进位值制表示法进行对比，突出十进位值制

的简洁性。学生对于知识的理解不是一次完成的，在复习课中有层次、有针对性地出示直观学具，帮助学生理解"计数单位之间的十进关系""位值思想""体会十进位值制记数法的简洁性"。

第三，在单元复习中进一步发展学生的数感，同样是重要任务之一。

（二）核心知识怎么呈现？

1. 核心环节

环节一：以计数单位为主线构建数位顺序表。

设计意图：进一步巩固计数单位及计数单位之间的十进关系。

环节二：数字在数位顺序表上运动产生数。

设计意图：渗透位值思想。

环节三：用学具摆数（数位表上摆珠子）。

环节四：利用前一环节摆出的数比较大小。

环节五：排序。（"给数找家"，把前面的数排在数轴上，发展学生的数感。）

2. 第二次思考

上课后发现环节三的活动承载的内容非常多。如数之间的相对大小关系，数的含义，位值思想，读数、写数需要注意的点等。教师在本环节的一问一答式显得有些单调，如何充分借用本活动，并让本环节有"弛"又有"张"？

本节课是万以内数的认识复习课的第二次试讲，授课教师在本节课中基本是按照前一次试讲调整的思路进行教学的，"构建数位顺序表""数字在数位表上运动产生数""在数位表上摆珠子""比较大小"，从而对计数单位、计数单位之间的十进关系、位值、读数、写数、比较大小进行复习，并发展学生的数感。但是，对本节课整体的感觉是四个环节各自独立，中间的过渡语比较生硬，使得彼此的联系不够强，仿佛是四个不相关的东西拼凑在一起。实际上，每个环节可以承载的东西很多，但是全面挖掘在一节课上又不能实现。于是我们针对本节课思考如下：

第一，本节课的教学是否需要按照不同环节处理不同点的方式，来对"计数单位""位值制""读、写数方法"等内容进行复习、整理？能否以一个活动为依托，在主活动中通过不同的活动层次完成对核心知识、内容的复习和整理？

第二，上述环节，哪些活动环节是能够整合在一起的？

第三，教师们认为环节三中用数字卡片比用小珠子好。那么，两个不同的学具是否有区别？如何更好地设计这个活动？

(三)数学活动中帮助学生构建知识框架，深化儿童对数概念的理解

1. 核心环节

环节一：复习数位顺序表。

通过填写数位顺序表，帮助学生复习计数单位和计数单位之间的十进关系，形成知识结构，为下一环节做铺垫。

环节二：数位表上摆珠子。

(1)出示游戏规则：

规则一：用 5 个小圆片在数位表上摆数。

规则二：摆完后把这个数写在纸上。

(2)用五个小圆片依次摆出：

①用 5 个圆片摆出最大的四位数(5000)；

②用 5 个圆片摆出最小的四位数(1004)；

③不摆，想一想：用 5 个圆片摆出的最大的三位数；

④用 5 个圆片摆出接近 5000 的四位数(4100)；

⑤用 5 个圆片摆出每个数位都有圆片的四位数(2111，1211，1121，1112)

设计意图：在本环节中复习数的组成、读数、写数、大小关系，发展学生的数感，体验数的无限性。

环节三：在数轴上给数找家。

(1)观察这 6 个数，最小的是哪个？为什么？(位数少)

(2)你能从小到大给它们排排队吗？写在纸上。

(3)每个数都有自己的家，这 6 个数也一样。(出示数轴)有的数已经找到家了，谁来读读？有的数还没有找到家，500 和 4100 这两个数迫不及待地想找到家，你能帮帮它们吗？标在数轴上。

2. 第三次思考

通过本次单元研究，我们对这一单元的教学进行了整体的研究和设计，采用不同学具从形象到抽象帮助学生逐步理解数的意义，读写法以及数的比较。此外，我们着重讨论了复习课到底该怎样上？通过研究，我们发现复习课不是知识点的堆积，它的重点应该是本单元知识的核心内容，在复习课中教师依旧要思考：这节课给予学生哪些新的理解和认识？本节课用 5 个圆片把第四单元"生活中的大数"所学的内容贯穿起来进行复习，学生兴趣高，思维活跃，感觉不像前几次课那样知识点散，出现问题学生自己解决，课堂主动性高，对知识有了新的理解，发展了学生的数感。

　　通过这次校本研修，我们在各位专家领导的引领下，慢慢踏上了研究之路。然而，对任何事物的研究都不是一帆风顺的。但是我们相信只要能够端正自己的心态，放慢自己的脚步，坚持不懈，我们一定能够冲破重重困难，收获研究的成果，品味其中的幸福！

第五章　变与不变间的永恒

——六年级"正比例与反比例"单元的教学研究①

引　言

在旧版北师大教材中，不讲授比例的相关知识而直接对正、反比例进行教学。在新版北师大教材中，本单元是在学生已经学习了比和比例等知识的基础上进行学习的。在这样的一个改变过程中，我们应当如何理解正、反比例的学习内容在小学学习中的价值？单纯地把它与解比例相联系，作为解比例的一种应用，可行吗？

提及正、反比例学习内容在小学学习中的价值，我们还是要将正、反比例的学习内容置于整个"数与代数"学习领域当中进行分析和思考，从中寻找其所承载的价值；同时，还要考虑到这部分内容本身所蕴含的价值。

在《课程标准（2011 年版）》中提到了"数与代数"知识领域学习的内容包括：数的认识，数的表示，数的运算、数量的估计；字母表示数，代数式及其运算；方程、方程组、不等式、函数等。其中字母表示数、方程、代数式便构成了小学阶段学生代数初步知识的学习。

思　考

1. 如何理解正反比例的学习内容在小学数学学习中的价值？

2. 教材中所呈现的学习内容和学习方式对学生理解正反比例有哪些帮助？

3. 学生对于正反比例的学习存在哪些困惑？

4. 怎样的教学模式才能满足学生对于正反比例的学习和探索？

---

① 本研究报告由永飞、孙雅娟执笔。

第一节　正反比例的相关概念及思想

一、正比例与反比例概念

(一)成正比例的量

两种相关的量，一种量变化，另一种量也随着变化，如果这两种量中相对应的两个数的比值一定，这两种量就叫作成正比例的量，它们的关系叫作正比例关系。如果用字母 x，y 表示这两种相关联的量，用 k 表示它们的比值（一定），正比例关系可以用下面的式子表示：$y : x = k$（一定）。

(二)成反比例的量

两种相关联的量，一种量变化，另一种量也随着变化，如果这两种量中相对应的两个数的积一定，这两种量就叫作成反比例的量，它们的关系叫作反比例关系。如果用字母 x，y 表示两种相关联的量，用 k 表示它们的乘积（一定），反比例关系可以用下面的式子表示：$x \cdot y = k$（一定）。

二、函数思想

正比例和反比例是一类常用的数量关系，这部分内容的学习是函数思想在小学的体现。正比例和反比例的关系本质上是函数关系。

(一)函数思想

函数思想，就是变量和常量的思想，是用运动和变化的观点，去分析和研究数学问题中的数量关系，通过建立函数模型（函数关系式）或构造函数，运用函数的概念、图象和性质去分析问题、转化问题和解决问题。

(二)函数思想的变迁

函数思想是随着数学开始研究事物的运动变化而出现的。早期的数学是不研究事物的运动变化的。古希腊科学家亚里士多德曾指出，数学研究的是抽象的概念，而抽象概念来自事物静止不动的属性。例如数学中的数、线、形，这些数学对象都不包括运动，运动变化是物理学研究的对象，等等。受其影响，直到 14 世纪，数学家才开始研究物体的运动问题。到了 16 世纪，由于实践的需要，自然科学转向对运动的研究，自然中各种变化和各种变化着的物理量之间的关系成为数学家注意的对象。伽利略是最早开展这方面研究的科学家之一，在他的著作中多处使用比例的语言表达了量与量之间的依赖关系。例如从静止状态自由下落的物体所经过的距离与所用时间的平方成正比，等等。这正是函数概念所表达的思想意义。

16 世纪法国数学家笛卡儿在研究曲线问题时，注意到量的变化及量之间的依赖关系，在数学中引进了变量思想，成为数学发展的里程碑，也为函数的产生准备了思想基础。但直到 17 世纪下半期，牛顿—莱布尼茨建立微积分时，数学上还没有明确的函数概念。

总之，18 世纪以前，函数的研究多从属于曲线的研究，带有"几何"烙印的莱布尼茨的函数定义可以说是这个时期函数思想发展的总结。

国内数学教育界对于函数概念有关系说、变量说、对应说、映射说之论。关系说就是最初、最朴素、最能反映函数原始本质的函数定义：函数就是指一个变化过程中两个变量 x，y 之间的相依关系。

变量说是指在一个变化过程中，有两个变量 x，y，如果 y 随 x 的变化而变化，那么 y 是因变量，x 是自变量，因变量就称为函数。变量说具体、形象，看到变量之间的"依赖"关系，便于宏观上动态地把握。

对应说是建立在集合对应基础上的：设 M，N 是两个集合，f 是一个法则，如果对于 M 中的每一个元素 x，由法则 f，N 中都有唯一确定的元素 y 与之对应，那么称 f 为定义在集合 M 上的一个函数。对应说则深刻、细致，看到集合之间元素的具体对应关系，便于从微观上静态地认识。

映射说是建立在集合映射概念理论之上的，把映射作为已定义概念，把函数视为一种特殊（数集之间）的映射，揭示的是两个数集 M 与数集 N 之间的某种对应关系，与对应说没有本质区别。

三、"建模"思想

(一)对数学模型的理解

用字母、数字及其他数学符号建立起来的代数式、关系式、方程、函数、不等式，以及各种图表、图形等都是数学模型。

(二)对"建模"的理解

通过建立模型的方法来求得问题解决的数学活动。

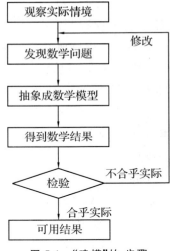

图 5-1　"建模"的 步骤

第二节　本单元知识点及其联系

北师大版教材中"正比例与反比例"单元包括：变化的量（感受变量之间的关系）、正比例、画一画（正比例图象及其应用）、反比例四方面的教学内容。

从知识学习的先后顺序来看，这部分内容学习是在学生已经学习过比的意义、比的化简、比的应用及比例相关知识基础上的后续学习。但它真的只是对比例的进一步认识吗？

与此同时，对比其他版本教材，我们可以发现只有北师大版在正式介绍正反比例前，引入了"变化的量"一课。其用意何在？

再次纵向梳理教材，从代数思维的角度分析，这部分内容则是字母表示数及方程的后续学习。其间的纵向关系，我们可以这样表示（图 5-2）。

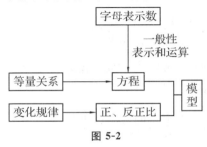

图 5-2

　　具体而言，利用字母表示等量关系和变化规律，于是形成了方程和函数的模型，而正、反比例关系正是正比例函数和反比例函数两个特殊函数模型的"雏形"。引入"变化的量"一课，也在于正、反比例关系作为函数的雏形，在新的教学内容中开始前应有意识地让学生体会变化的量及变量之间的关系，进而认识到正、反比例关系是刻画变量之间关系的模型。

　　此外，虽然我们不要求学生从函数的角度认识正、反比例关系，但我们应当有意识地让学生认识到函数的语言表示之外的三种数学表示方法：表格法、解析式法和图象法。函数的多重表示在"变化的量"一课中也已涉及。

　　而比较不同版本教材，其在呈现形式上基本相同，都是在具体情境中发现变化的量是什么，变量之间的依赖关系是什么，进而抽象出正反比例。这样的活动设计最终是让学生感受建模的思想。

第三节　学前调研和分析

　　在正、反比例这个单元的教学中，我们该选择哪一课作为我们研究的重点呢？通过大家的讨论，我们选定了"正比例"一课，那学生学前对正比例的认识又是怎样的呢？我们进行了相应的学前调研。

一、调研题目设计

　　1. 下表中哪些量在发生变化？并说一说路程是怎样变化的？有规律吗？有怎样的规律？

时间/h	1	5	4	6	8	⋯
路程/km	90	270	360	540	720	⋯

　　2. 分别说一说下面各表中两个量的变化规律，然后比较它们的规律相同吗？你是怎样发现的？

时间/h	1	2	3	4	5	⋯
路程/km	90	180	270	360	450	⋯

哥哥年龄	6	8	9	12	15	⋯
弟弟年龄	3	5	6	9	12	⋯

质量/kg	1	2	3	4	5	⋯
总价/元	0.9	1.8	2.7	3.6	4.5	⋯

正方形边长/cm	1	2	3	4	5	⋯
面积/cm²	1	4	9	16	25	⋯

3. 分别说一说下面各表中两个量的变化规律，然后比较它们的规律相同吗？

表1　一辆汽车在公路上行驶，行驶的时间和路程如下表：

时间/h	1	2	3	4	5	⋯
路程/km	90	180	270	360	450	⋯

表2　一辆自行车在公路上行驶，行驶的时间和路程如下表：

时间/h	1	2	3	4	5	⋯
路程/km	20	24	30	44	50	⋯

图 5-3　学生调研问卷

4. 你知道什么是正比例吗？把你的理解写在下面。

二、调研具体实施

六(1)班 32 名学生　　问卷

三、数据收集分析

对学生的问卷我们进行了认真的研究，决定打破题目局限进行分析。而且目光也从关注学生的认知困难，转向关注对学生的学前认知状态了解。

(一)描述相关联的变化的量的变化情况的数据统计和分析

表 5-1　学生情况数据统计表(1)

学生出现的情况	人数	百分比/%
描述如何同增	22	52.4
模糊的关系式	4	18.2
直接描述比值	4	18.2
分析了但未说清规律	1	4.5
都有	1	4.5

3、分别说一说下面各表中两个量的变化规律，然后比较它们的规律相同吗？

一辆汽车在公路上行驶，行驶的时间和路程如下表（表1）

时间/时	1	2	3	4	5	…
路程/千米	90	180	270	360	450	…

答：时间每加1小时时，路程就增加90千米。

图 5-4　学生问卷情况呈现(1)

从以上数据可以看出，学生对相互关联的变化的量的变化状态比较敏感，这可能与我们选择表格这种呈现方式有关系，学生具备有序观察数据变化的能力，并且能够较好地描述两种变化的量同增的状态。但是深入刻画两个变量的关系，并关注到两个变量比值的不变性依然困难重重。但是学生对不变量的感受还是有的，只不过他们通常在寻找不变量的时候，总是分别关注两个变化的量，并分别描述两个变量的增加量，而很少想到这两个增加量的比值（斜率，导数）。正比例是两个增加量的比值的特殊情况，小学阶段因变量比自变量即可。

也就是说在教学中我们要引导学生把两个变化的量对应起来观察不变的量，并用数学相对抽象的形式描述变量之间的关系。

（二）写出过程的学生作品中建立对应关系方式的数据统计和分析

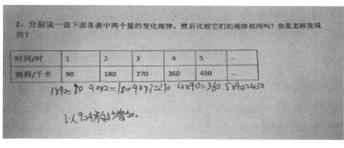

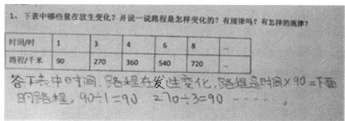

图 5-5　学生问卷情况呈现(2)

虽然写出过程的学生并不多，但是我们仔细观察他们建立变化的量的对应关系的方式就会觉得非常有趣。8 人之中有 5 人选择在两个变量之间搭桥，取自变量中的某些值，经过一个对应法则，分别得到因变量的对应值。是朴素地根据一个法则两个集合之间的一一对应，非常让人惊喜。8 人中还有 2 人直接把两个变量一一对应起来发现了不变量，虽然他们用的都是除法、而不是比的形式，但是除法到比还是很容易过渡过去的，学生能够把自变量和因变量直接建立联系同样让人惊喜。也许我们该多多注重学生研究的过程，因为函数概念本身就具有二重性：过程，对象。在小学阶段函数概念的过程性可能应该更关注一些才行。

（三）比较规律是否相同的情况统计和理由分类的数据统计和分析

表 5-2　学生情况数据统计表（2）

学生出现的情况	人数	百分比/%
1，2，3 规律相同	2	8.3
1，3 规律相同	4	16.6
相同	5	20.8
不相同	13	54.2

相同：5 人
　　同增　2 人　关系不变　1 人
　　比值不变　1 人　未说　1 人
不相同：13 人
　　看两量关系发现的　4 人
　　未阐述或未阐述清楚的　8 人
　　从自变量与因变量的差为衡量标准的　1 人

图 5-6　对描述理由分类的统计

根据数据我们发现，能感受到四组变化的量之间变化的规律不同的学生还是占了很大比例的，但是能叙述清楚不同的本质原因是什么的真不多。也就是说对不变量与两个变量之间关系的关注度非常低。

(四)学前对正比例概念的描述方式的数据统计和分析

表 5-3 学生情况数据统计表(3)

学生出现的情况	人数	百分比/%
同增减	4	12.5
变化而有规律	2	6.25
等同于比	3	9.375
同时变化	3	9.375
不知道	4	12.5
等同于比例	3	9.375
一个量不变,正好是另两个量的商或比	2	6.25
比值相同	2	6.25
是正数	1	3.125
描述基本正确	8	25

根据上面统计的数据我们发现,学生前期对正比例的认识并不是"0",只是他们认识的都是正比例关系的一个侧面。也就是说他们对正比例的认识是不完整的。而我们要做的就是把他们参差不齐的认识补充完整。

另外关注到两个变化的量是同增的这一点的学生非常少。虽然前面我们提到,在描述相关联的两个变化的量是怎样变化的时,52.4%的学生都能描述如何同增,但是他们却不把此作为正比例关系的重要特征之一,因此在教学设计时应该对比予以重视。

【我们的思考】

由于对函数的认识还比较肤浅,我们的调研题目设计还很粗糙,所以题目设计相对单一,调研目标有些散,调研题目空间小,分析更是多停留在就事论事,但是我们也有很多想法和收获。

首先我们认为对正比例的认识应该采用探索发现的方法,因为函数是刻画生活中两个变化的量的关系的数学模型,因此要提供丰富的素材让学生自己发现成正比例关系的变量的变化状态和规律上的相同点,正比例关系在现实生活中的普遍存在性，让学生感受到它是那么具体，就在他的身边，不深奥，可触摸。

其次，我们应该更细致地观察学生的思维路径，根据他们呈现的不同情况帮助他们完善对正比例的认识。还有是不是把函数的多元表征嵌入教学中，让学生理解那只是正比例关系的不同表达方式，但是描述的都是正比例关系。不要给学生留下图是图、表是表，解析式是解析式，互相之间没有什么关系的感觉。

第四节　课堂教学实践、观察分析及教学设计调整

一、第一课：变化的量

本来研究课定的是"正比例"，但是要想更好地完成正比例的教学，"变化的量"这一课就至关重要了。因此，虽然它不是我们重点研究的课，我们也下了些工夫在这节课上。以下是针对本课的教学基本设问设计及学生情况分析。

1. 看到这幅图，从数学的角度讲，你都能想到什么？

39 人中只有 7 人关注到变化，而这 7 人中只有 4 人谈到随时间的变化而变化。

由这组简单的数据不难发现，学生已经研究静态的问题太久了，他们更容易把问题定格在某一刻，就像上面的这张蜡烛燃烧的照片，那一刻，时间停止了，那一刻，一切都触手可及了。可是我们都知

图 5-7　设问图片：蜡烛

道，如果是一根真的正在燃烧的蜡烛，如果它就在我们的身边，它不会因任何一个人而停止它的燃烧，除非熄灭它的火焰。一切都会连续地进行下去，每一分、每一秒这根蜡烛都发生着改变，瞬息万变。但是学生从研究有把握的静止到研究难以把握的变化是一重门，打开，走进去，世界就不一样了。

那让我们再来看看这几位同学的作品，也许感受又会与上面不同。

原来惊喜就在那里。看学生对变化的量的直觉。逐渐，这词用得多好。而且还发现了时间这个无时无刻不存在、却无时无刻被忽视的隐藏的量。可见，认识变化的量我们还是有突破口的。我当即问："学生，逐渐是什么意思

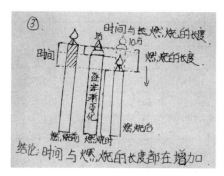
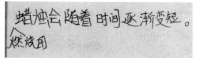
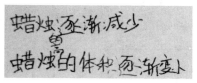

图 5-8　学生想法呈现

啊，在数学里意味着什么?"一位身材高挑的女孩儿站起来，不紧不慢地说：
"变化。"我有些呆住了，再难打开的门，也会找到相对应的钥匙，不是吗?

2. 用你的方式表示两个变化的量是怎样相关联地变化的?

根据学生举出的几组相关联的量，我出示了如图 5-9 所示的表，让学生任
选一组相关联的量用自己喜欢的方式表示两个变化的量是怎样相关联地变
化的。

蜡烛燃烧的时间/min	0	1	2	3	4	…
蜡烛剩余长度/cm	20	19.6	19.2	18.8	18.4	…

蜡烛剩余长度/cm	20	19.6	19.2	18.8	18.4	…
蜡烛燃烧的长度/cm	0	0.4	0.8	1.2	1.6	…

蜡烛燃烧的时间/min	0	1	2	3	4	…
蜡烛燃烧长度/cm	0	0.4	0.8	1.2	1.6	…

图 5-9

表 5-4　课堂观察数据统计及情况分析

学生出现的情况	人数	百分比/%
语言描述	8	20.5
线段图	2	5.1
矩形图	1	2.6

续表

学生出现的情况	人数	百分比/%
象形或实物图	6	15.4
直角坐标系	9（2人未完成）	23.1
相对应的数据计算	9	23.1
数量关系式	4	10.3

　　根据上面的数据我们可以看出学生很喜欢画图的方式，为什么图象会成为学生理解变量关系的困难点呢？我们按照两个变化的量的联系方式将学生的想法进行了分类处理：

　　第一类：几何方法

　　水平1：两变量以单位长度的一致性建立联系

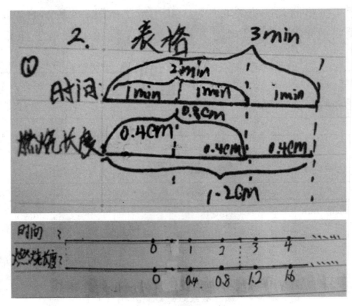

图 5-10　学生作品

　　让我们仔细观察这两幅学生作品，我们可以发现学生是用怎样的方式关联这两种变化的量的。

　　先看前两幅作品，他们把时间和燃烧的长度分开画成两条线段，但是他们以单位时间作为分割这条线段的标准，而下面表示燃烧长度的线段确定以单位时间燃烧的长度为分割标准，他们巧妙地把两次分割的单位长设置成相同的长度来联系两个变量。当然第二幅作品还展现了变化的持续性。

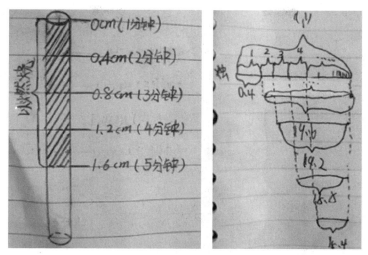

图 5-11 学生作品

图 5-9 和图 5-10 燃烧时间和长度这两种变量已经结合成了一条线段，可见学生多么想体现这两种量密不可分的关系。图 5-11 表面上与图 5-8～图 5-10 都不同，但是当学生把两条线段合二为一的时候，就与图 5-8、图 5-9 的情况是一致的了。

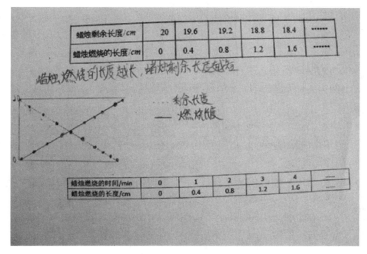

图 5-12 学生作品

如图 5-12 所示的作品看似不同，如果我们仔细观察却是与图 5-8、图 5-9 异曲同工，它是以同一条数轴作为绘制剩余长度和燃烧长度这两种变化的量的线段的标准的。

水平 2：两变量以各自数轴方向呈相对方式（水平或竖直）联结建立联系

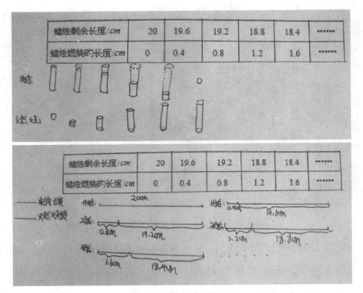

图 5-13 学生作品

让我们仔细观察这两幅学生作品，他们又是怎样把两种相关联的量联系起来的呢？由于这两幅作品选择的这组变化的量是同类量，所以学生把两个变量的数轴方向确定为相对方式并联结起来，从而把两个变量建立起了联系。用这样的方式，学生很容易就发现了总长度这个不变量。

水平 3：两变量以直角坐标系建立联系

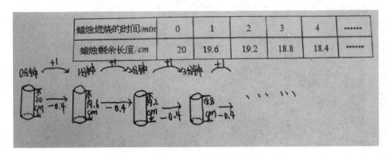

图 5-14 学生作品

观察如图 5-14 所示的学生作品，我们看不到明显的横纵坐标轴。但我们细心观察就会发现，学生的直角坐标系的构成是很朴素的。时间轴设计为水平方向，长度轴设计为垂直方向，两条数轴虽然没有以原点为连接点，但是直角坐标系的雏形清晰可见了。

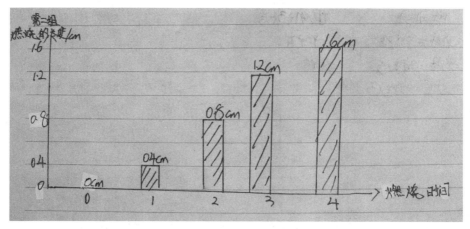

图 5-15　学生作品

这幅作品的直角坐标系已成功建立。但是我们能明显地感觉到，这个直角坐标系的建立是以条形统计图为基础的。看来学生对正比例图象的理解，是建立在统计图基础上的，但是从统计图到函数图象的认识转变又应该怎样完成呢？这是一个令人困惑的问题。

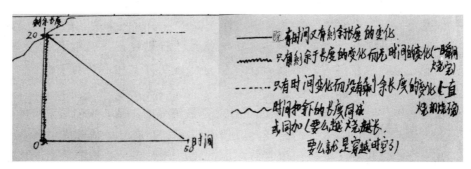

（1）

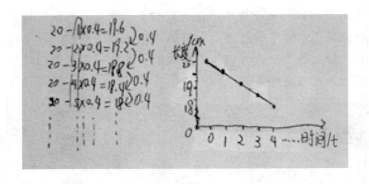

（2）

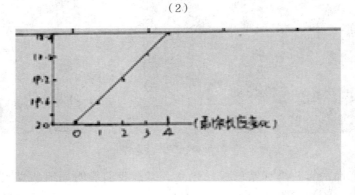

（3）

图 5-16　学生作品

　　如图 5-16 所示的三幅学生作品，已有了函数图像的影子。但是我清晰地记得课堂上我问一个女生为什么要画这样一幅图来表示两个变化的量是怎样相互关联着变化的时，她确定地说：因为折线统计图能够体现变化的趋势。哦，在她心里，这依然是折线统计图。但是从她的发言中我也惊喜地发现，学生想刻画函数的单调性。

　　在这一组作品中，如图 5-8 所示的作品是最可爱的作品，我们从学生的作品中清晰地看到了他们思维的路径，看到了两个变量是怎样结合成一条直线的，甚至学生还想到了穿越时空，时间取值在负数部分，多么了不起的想象力啊。

　　但是学生在设计横纵轴数据的时候还是遇到了一些麻烦，如图 5-16 所示作品，纵轴的数据设计就受到了表格中数据顺序的影响，而没有关注到两轴相接的点是 0 点。

看来，在正、反比例的学习中，图象绝不是简单的描点作图，而应该发挥更大的作用。

第二类：算术或代数方法

水平1：两变量一一对应，寻找不变量建立联系

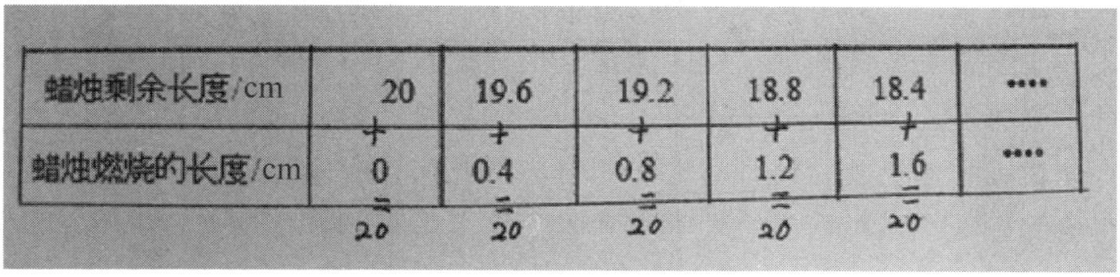

蜡烛剩余长度/cm	20	19.6	19.2	18.8	18.4	……
	+	+	+	+	+	
蜡烛燃烧的长度/cm	0	0.4	0.8	1.2	1.6	……
	20	20	20	20	20	

图 5-17　学生作品

学生一一对应的感觉比较好，他利用自己比较熟悉的算术方法，把两个变量所取的值一一对应后分别进行了相同的运算，获得了相同的结果，即发现了不变量，建立起了两个变量之间的关系。

水平2：两变量以关系式建立联系。

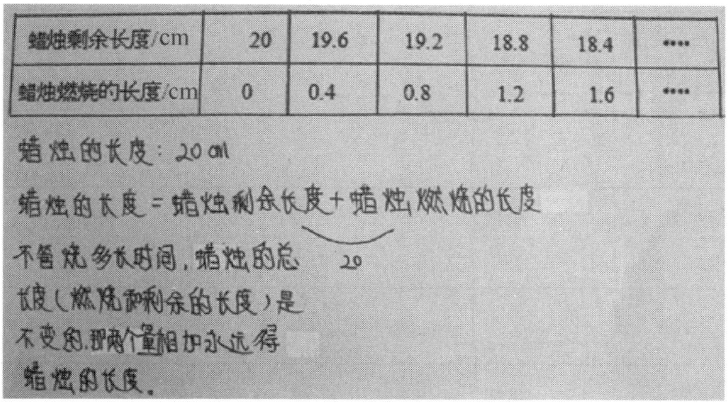

蜡烛剩余长度/cm	20	19.6	19.2	18.8	18.4	……
蜡烛燃烧的长度/cm	0	0.4	0.8	1.2	1.6	……

蜡烛的长度：20 cm

蜡烛的长度＝蜡烛剩余长度＋蜡烛燃烧的长度

不管烧多长时间，蜡烛的总

长度（燃烧和剩余的长度）是

不变的，即两个量相加永远得

蜡烛的长度

图 5-18　学生作品

这幅作品，学生开始用文字代表变化的量，构造了朴素的关系式，建立了两个变量之间的关系，抽象概括的水平比上一幅作品更高。

学生选择画图还是选择计算、关系式，可能真的与学生的学习倾向（分析型、几何型、调和型）有关。看来我们不能只关注教学本身，也应该关注他们的心理特点。

二、第二课：正比例

正比例一课是我们组选定的研究课，之前也曾经听过两节精彩的"正比例"的现场课。一节是北京大学附属小学杨重生老师的，他的课突出了代数的抽象，站位很高，对于我来说是没有能力模仿和复制的。还有一节是清华大学附属小学王丽星老师的，他的课结合他们学校的科研课题，以学前学生自学的情况为基础，而且他正比例图象的处理非常巧妙，通过竿高和影长的数据，把横纵坐标组成的数对与它们相对应的几何形象紧密结合，数形结合处理得恰到好处。以我目前的教学水平也没有能力模仿和复制。因此只能另辟蹊径了。

（一）第一次试讲教学设想

1. 回顾变化的量之间关系的四种表达方式

2. 提供观察素材

（1）用你喜欢的方式描述或表示下面各表中每两种量的变化规律

表1

时间/h	2	3	5	6	8	···
路程/km	180	270		540	720	···

表2

哥哥年龄	6	8	9	12	15	···
弟弟年龄	3	5	6		12	···

表3

质量/kg	3	5	6	9	10	···
总价/元	2.7	4.5	5.4	8.1		···

表4

正方形边长/cm	1	2	3	4	5	···
面积/cm²						···

（2）试着说一说上面四组变化的量的规律有什么异同。

相同点：

不同点：

(3)两个变化的量成正比例关系时有什么特点？

(4)一辆自行车在公路上行驶，行驶的时间和路程如下表：

时间/h	1	2	3	4	5	…
路程/km	20	24	30	44	50	…

路程和时间成正比例吗？为什么？

图 5-19　学生课上用学习单

设计意图：

首先让学生选择喜欢的方式刻画两个变量的关系，是为了使学生从不同的角度认识正比例，表格、图象、关系式、语言表述，无非都是正比例关系的不同表现形式，是为了从不同的角度刻画正比例关系，单一了，就单薄了。

为了让学生能够深刻体会两个变量间存在的固定不变的关系，我们在设计数据时是跳着设置的，而不是一般情况下的等差数列方式的设置，促使学生必须经过思考才能够填出表中的空格，然后再进行规律的描述和观察。

而且为了让学生能够说出变化规律上的异同，特别标出相同点和不同点，让学生分开思考。

总之希望学生在数学活动中主动发现两个变量成正比例关系的现象，也就是说，走探索发现之路。

(二)第一次试讲课堂观察数据统计和分析

1. 针对于题目(1)的数据统计及学生作品展示

表 5-5　课堂观察数据统计表

学生出现的情况	人数	百分比
填空	3	8.3％
两量在变化	3	8.3％
对应数据计算	12 其中变定变 4	33.3％
	变变定 8	
关系式	11	30.5％
两种 两种以上描述方式	7(5 人画图)	19.4％(13.8％)

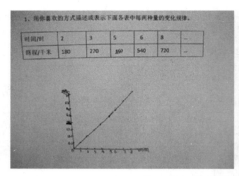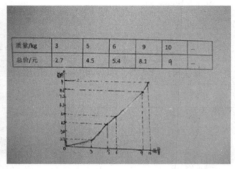

图 5-20 学生描述变化规律方式呈现

根据上面的数据和如图 5-20 所示的学生作品我们可以发现：

(1)有 3 个学生把题目做成了填空，根本没有进行规律的观察和描述。由此看来，也许我们应该考虑把数据直接呈现给学生。

(2)更多的学生喜欢一一对应的计算或者是寻找关系式，只有 7 个学生选择了画图这种方式，看来"算"和简洁在他们的心中占据着重要的位置，当然这也是探索正比例关系的重要途径，就是在这一点上体现出了函数概念的过程性。

(3)选择了画图的学生只有 7 个，而且遇到了重重困扰，因为横纵轴的设计是难点，单位长度要均匀，而且不能与统计图混淆，要在纵轴上省略数据，否则就会出现第二幅图的情况。

2. 针对于题目(2)的数据统计

表 5-6 针对于题目(2)相同点统计数据

学生出现的情况	人数	百分比/%
两量变化	17	47.2
有规律	4	11.1
两量变化且有规律	4	11.1
同增	7	19.4
两个量成正比、比值一定	1	2.7
"变化方式相同"	1	2.7
未答	2	5.6

表 5-7 针对于题目(2)不同点统计数据

学生出现的情况	人数	百分比/%
两量变化	17	47.2
有规律	4	11.1
两量变化且有规律、同增	4	11.1
两个量成正比、比值一定	7	19.4
"变化方式"	1	2.7
未答	1	2.7
变化规律不一定是一样的	2	5.6

在相同点中谈到同增的只有 7 人，但是这是正比例关系判定的前提，即函数的单调性——单调增加。而在不同点中谈到变化规律不一定是一样的只有 1 人，而这是判定两个变量是否成正比例的标志。那是不是问题提的有问题？太抽象了？

【我们的思考】

1. 也许我们应该在学生的研究汇报单上做点儿文章，引导学生有针对性地观察。

2. 为了能够让学生重视画图，给他们提供比较方便的材料。

3. 在讨论变化的量的规律有什么异同时，问题是否可以问的宽泛一些，有自由，才有想法。太具体的问题反而会捆绑学生的思维。

(三)第一次试讲后教案调整

1. 去掉了填空，数据直接呈现

2. 加入两组数据(表 5-8、表 5-9)：

表 5-8

年龄	出生时	1周岁	2周岁	6周岁	10周岁	……
身高/cm	51	75	86	117	138	……

表 5-9

直径/cm	1	2	3	4	5	……
周长/cm	31.14	6.28	9.42	12.56	15.7	……

第一组数据的加入是为了让学生关注两种变化的量同增同减的状态，且关注到即使两种变化的量都是同增同减的情况下也还是有不同。第二组数据

的加入是为了完善比值，因为比有两种情况，一种是同类量的比，比值是数。另一种是不同类量的比，比值是一个新的量。而第一次试讲中成正比例里关系的两种变化的量都属于第二种情况，也就是比值是一个新的量。

3. 改变学生研究汇报单的形式，加入变化的量是怎样变化的？你有什么发现？

表 5-10

变化的量	怎样变化（↓↑）	有什么规律	你有什么发现
年龄 身高			
时间 路程			
哥哥年龄 弟弟年龄			
质量 总价			
正方形边长 面积			
直径 周长			

图 5-21　学生研究汇报单

4. 提供一张 A4 大小的方格纸，方便学生绘制图象。

（四）第二次试讲课堂观察数据统计和分析

表 5-11　第二次学生课堂观察统计表

学生出现的情况	人数	百分比/%
未答	5	13.2
同增同减	6	15.8
两量变化	3	7.9
同增同减，且除第一种都有规律	11	28.9
两量变化，且有时有规律有时没规律	1	2.6
两量变化，有规律	1	2.6
同增同减，有规律	1	2.6
都成正比	5	13.2
两量变化，两量找出第三个量	1	2.6
2，4一类，5，6一类	2	5.3
2，4，6一类	2	5.3

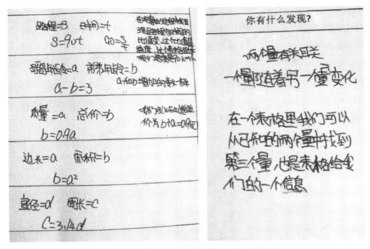

图 5-22　第二次试讲学生情况展示

在这次试讲中，汇报单的改进非常重要，从上面的数据可以看出：关注到两个变化的量同增同减现象的学生占据了很大的比例。而且加了"你有什么发现"一栏，由于思考空间开放，学生的发现非常丰富，从上面的数据统计就可以很容易地看到这一点。这说明这个汇报单的设计达到了预设的目的。

年龄和身高这组数据的加入也起到了很关键的作用，有 11 个学生在我的发现中提到虽然都是同增同减，但是除了第一种之外其他都有规律。把学生的目光从表面现象引向对内部规律的关注。

圆的周长和直径这组数据的加入还引起了小小的争议，一个小男孩质疑道：圆的周长和直径，与路程和时间、总价和质量的规律是一类吗？这个问题引起了大家的讨论，讨论中大家一起回顾了比的两种情况：同类量的比、不同类量的比。同类量的比值是数，不同类量的比值是新的量。从而确定了圆的周长和直径，与路程和时间、总价和质量的规律确实相同，都是比值一定。

我们再看上面所呈现的学生作品，更是给了我们很大的鼓舞。学生通过自己寻找规律的过程，竟然能够发现从表格提供的两个量中能找到第三个量，这不恰恰是最重要的部分吗！

但是提供给学生的方格纸本来是帮助他们画图象的，但是作用甚微，看来还得继续思考有效的方案设计。

【我们的思考】

1. 关于画图象的部分是否应该提供设计好的横纵坐标轴?

2. 是否需要更加突出正比例概念的剥离过程(图 5-23)?

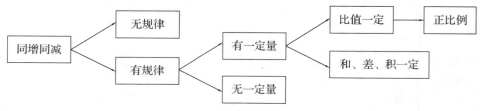

图 5-23 正比例概念的剥离过程

(五)第二次试讲后教案调整

为了让学生能够比较容易地画出图象,我们把横纵坐标都设计好,学生只要描点作图即可。

例如:

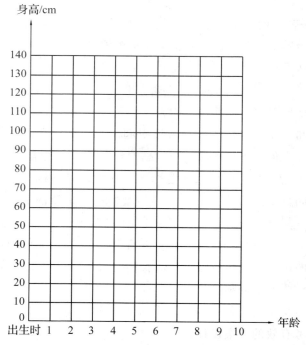

图 5-24 第二次试讲后学生学习单

（六）第三次试讲课堂观察数据统计和分析

表 5-12　第三次试讲课堂观察统计表

学生出现的情况	人数	百分比/%
不与"0"连接	8	26.7
有的连"0"有的不连	2	6.7
犹豫不决	2	6.7
与"0"连接	3	10
抠掉"0"并与"0"处连接	6	20
抠掉"0"并与"0"连接，年龄问题不连	2	6.7
抠掉"0"并与"0"连接，年龄问题画两条线	1	3.3
抠掉"0"并与"0"连接，面积、身高不连	1	3.3
抠掉"0"并与"0"连接，年龄、身高、面积不连	1	3.3
抠掉"0"并与"0"连接，身高不连	3	10
抠掉"0"共计	17	56.7

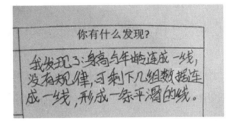

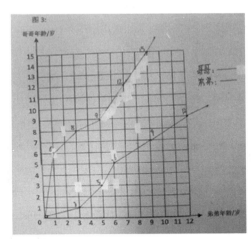

图 5-25　第三次试讲学生情况展示

由于这个班的学生思考比较依赖于教师，所以当建议他们可以采用画图方式时，几乎一边倒地都用了画图的方法。之前在做练习的时候初步渗透过画图，因此主要问题就纠结在"0"是否要连上了，表 5-12 所示的数据统计也可见一斑。但是如此多的学生选择了画图，但是只有一个学生通过观察图来描述自己的发现（图 5-25）。还有的学生在画图过程中出现了问题，从右图明显看出学生没有把哥哥和弟弟的年龄当成相关联的变化的量，而且明显受到复式折线统计图的影响。但也正是这个学生，在作业中主动采用图象法判定正比例关系，看来正是这种从错误走向理解的过程，让他爱上了这种方式。

当然也有意外的惊喜(图 5-25)，有的学生竟然能够通过自己的探索发现两个变化的量中能发现一个不变化的量，真是了不起啊。看来给学生足够的时间和空间才能够让他们有效地思维，得到属于自己思维的果实。

【我们的思考】

虽然横纵坐标都设计好了，学生只剩描点连线，但是六幅图分画在三张纸上，影响了学生的全面观察，他们画图但却不看图，失去了画图的意义，需要整合。

(七)第三次试讲后教案调整

1. 图象单在一张大纸上

2. 变化的量和怎样变化的合成一格

变化的量	怎样变化(↓↑)	有什么规律	你有什么发现
年龄 身高			
时间 路程			
哥哥年龄 弟弟年龄			
质量 总价			
正方形边长 面积			
直径 周长			

图 5-26　第三次试讲后学生学习单

(八)第四次试讲课堂观察数据统计和分析

表 5-13　第四次试讲情况统计表

学生出现的情况	人数	百分比/%
2，4，5，6 都含有倍数关系，1，3 没有	1	11.1
1 没有规律，2，3，4，5，6 有规律	2	22.2
同增同减，1 没有规律，其他有规律	1	11.1

续表

学生出现的情况	人数	百分比/%
两量变化	1	11.1
没写	1	11.1
2，3，4，6 有规律，1，5 不成比例，2，4，6 成正比例	1	11.1
同增同减	2	22.2

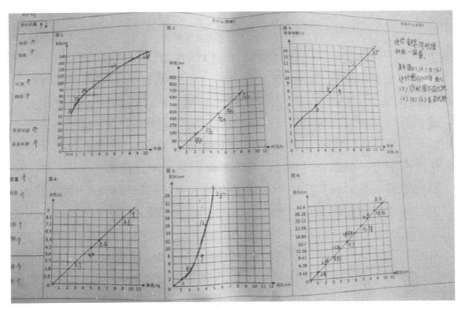

图 5-27　学生作品展示

　　三次试讲，每次都是图象的问题最大，特别是学生不会从图象的角度观察变化规律的异同。因此这一次的课堂观察就聚焦在了 9 个选择画图的学生身上了。的确，当把所有的图放在一起观察的时候，学生慢慢有了一点感觉。一个小男孩儿发言时说："图 2，3，4，6 都是直线，但是图 3 是连到 3 的，其他都跟 0 相连。"他的言语朴素简单，但是他注意到了曲直，还注意到了截距，这是非常难得的。看来有些东西永远都不能放弃，这让我相信学生，给他们提供更好的研究材料，他们就会有更精彩的思维。

　　课例研究的过程，有挫折，有痛苦，更有惊喜。虽然我们的研究还显稚嫩，但是我们已经在路上了，这一点很重要。

第五节 教学反思

其实，一节课的结束并不标志着研究的结束，因为琢磨一节课的过程留给我们最有价值的部分并不是成功的喜悦，而是无尽的反思。反思是一种力量，唯有它能给我们一个更新的世界，一个更令人激动的期待，期待下一次。

一、两量关系的确定与刻画

从学生刚入学，他们就开始接触两量关系的确定与刻画。与正比例、反比例这部分内容相关的，应该是从"倍"的研究开始的。

自那时起，学生开始接触从度量的角度进行两量的比较，从而确定两量的倍数关系。可以把较小的量作为度量的标准，也可以用较大的量作为度量的标准，这个倍数有时候用分数表示有时候用整数表示。也就是说，其实它们实际上就是一体。也许以后我们再处理这两部分内容教学的时候，可以从整体角度来思考。但是那时候的倍数关系都是刻画同类量的。

当六年级上册接触到比之后，就进入了一个新的阶段，即不同类量的比。不同类量的比实际上就是用一种量以一个单位标准去划分另一种量，从而获得了一个新的量，是一个单位的某种量所对应的与之相关联的量的大小。

六年级下册进入了正比例、反比例的学习，学生从常量关系的确定与刻画，过渡到了变量关系的确定与刻画。变化的量怎样找关系？一对数据肯定不行，所以需要取这两种量的若干组数据来研究。怎样表达关系？一个算式肯定不行，因为一个算式只能代表这组变化的量在某一刻的关系状态，又因为字母能表示变化的量，所以就有了用解析式表达变量关系的方式。也就是说常量状态下的数量关系刻画只是变量关系刻画中的某一个点，路越走越宽。

二、"慢"教学

说实话，对于一线教师而言，教学进度的压力还是非常大的，时间我们耽误不起。但是通过这次课例研究，我想我们可以在知识起承转合的部分"慢"下来，原因有三。

1. 那么多的来不及欣赏

在这次课例研究过程中，很多学生的精彩都是后来整理学生资料时发现的，可是为时已晚。因为我们的课堂只有 40 分钟，而我们一个班的学生却接近 40 人。每个学生都有自己独特的思维，但是课堂上我们观察不过来，我们也等不及继续观察，也许我们在行间巡视一转身的工夫，一个学生的灵感就跃然纸上了，可是我们却没有看到……太多的遗憾无法弥补，所以真的想慢慢来。

2. 一节课不能承载太多，需要分解教学

很多时候我们想在一节课中实现很多目标，无论是远的还是近的。但是实现每一个目标都需要足够的时间和耐心的等待，何况是若干个目标呢？例如在"正比例"这节课的教学中，我们关注了正比例关系特征的逐层剥离过程，就肯定会忽略掉学生探寻规律的过程和方法的讨论，每一个点都需要一节课甚至两节课。否则只能是顾此失彼。因此平常教学过程中我们应该考虑把总教学目标的实现分在多个课时中完成。

3. 单元备课的思考：不是若干节课，而是若干个核心目标

以前我们单元备课总是把每一节课作为项链上的珍珠看待，虽然美得炫目，却总是零散的点。但是这次课例研修却使我们产生了更进一步的思考，因为像正比例的认识这样的重点课程的所有的教学目标是不可能在一节课上实现的，因此我们在确定今天上什么课的时候，教学内容不是考虑的起点，核心目标才是，若干个核心目标统领的单元整体备课，才更有价值。

三、再度回顾教材

代数初步的起点是字母表示数一课，这节课的研究曾经也是令教师趋之若鹜的最爱，好多时候都爱选择这节课作为自己做课的内容。字母表示数一课也听过不少节了，到底什么才是重点？以前我也是花很大的力气去讲"含有字母的式子可以表示数量关系也可表示一个数"这件事，但是收效甚微，因为学生很难接受。那么学生不能接受这件事的根儿又在哪儿呢？因为我们并没有把字母可以表示变化的量讨论清楚，那么再处理字母表示数一课时我们能在这方面再挖掘挖掘吗？一定会有不小的收获。

再往前推，其实小学教材中老早就有函数思想的渗透。例如这样的题目：

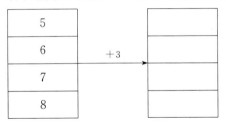

但是我们会发现在这些题目中给定的信息含有：一个变量（但取值是有限个），一个常量，然后让学生去求另一个变量。变量有限，常量给定。而到了六年级学习正反比例时，则是给定两个变量，去寻找那个常量，再去表达变量之间的关系，要求有很大的不同。

四、再度认识图象

在过去的正反比例教学中，对于图象部分的学习我们并没有下太多工夫，因为这方面的学习进入初中才是重点，因此基本上采用描点画图完后说一说正比例图象是条直线而反比例图象是平滑曲线就可以了，从不挖掘图象背后的联系。

但是这次课例研究中，从学生学习变化的量时对画图的偏爱，而学正比例时对画图的困惑，都让我重新审视对图象的教学。

1. 看图和画图哪一个更重要？

以前我认为画图是次要的，看图就行了，分出直曲不就得了。但是大家还记得图 5-28 所示的两幅图吗？

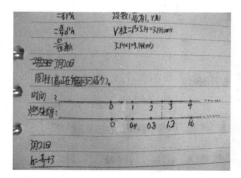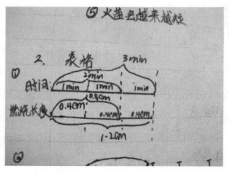

图 5-28

学生画的两条坐标轴是分开的。由此可见，正比例图象的形成过程绝对不仅是描点连线这么简单。

2. 画图画什么？

一一对应的计算或写出关系式——我们都知道学生是如何把两个变量建立关系的，那么在画图象的过程中，两个变量又是怎样建立联系的呢？经过了很长时间的思考，我们认为在画图过程中，两个变量分三次建立联系。

（1）两条坐标轴 0 点相接，互相垂直。

（2）每一组数对描成一个点，即两个数描成一个点。

（3）把所描的每个点连成一条线。

正是这三次联系把两个变化的量紧紧关联在了一起，形成了我们看到的图象。因此，在后续教学中我们在这方面下了很大的工夫。

3. 看图看什么？

上面我们讨论了画图怎样画，而这里我们还要说说看图看什么。以前我们只是单纯地分辨直曲，但是我觉得那只是对表面现象的观察。其实同表格法的观察方法一样，我们也应该从两个角度观察图象，即两个相关联的变化的量是怎样变化的？什么不变？

后续教学中我们进行了这样的试验教学。当根据表格中的数据绘制完正比例图像后，问学生：刚才我们观察表格中的数据时发现，这两种量是同增同减的，在图上你能看出来吗？为什么？很快就有学生回答出：能，因为那条直线是倾斜向上的。这不就是通过图发现正比例函数是单调增加的吗？然后又问：正比例中两个变化的比值一定，也就是不变，那么在图上你能发现什么不变吗？这时候学生陷入了沉思，几分钟后有几个学生犹犹豫豫地举起了手，一个胖胖高高的男学生主动走到黑板前面指着正比例图象与横轴的交角说，就这个角，它好像总是不变。而这不就是斜率吗？

五、什么是永远的事儿？

正比例、反比例单元结束后我们进行单元考试，一个小插曲却使我震惊了，我开始更深刻地反思自己。故事是这样的：

考试中，一个很聪明的男学生忽然举手想问问题，我怕他打扰别的学生思考，就示意他轻轻走到我跟前来。"老师这道题是成正比例关系的吧？"他有些犹疑地说。就是下面这道题，是一道判断题：

妈妈今年的年龄是小华的 4 倍，妈妈的年龄与小华的年龄这两个量成正比例。（　　）

"正比例是永远的事儿！"我们班的思遥坐在离我很近的地方，听到了他提的问题，他的嗓音总是那么尖，听了让人心里颤颤的，但是却一剑刺中核心。是啊，我们真的教会学生判断正比例、反比例关系了吗？正比例是永远的事儿我们给学生讲清楚了吗？

我看了看那个问问题的男学生，说了句："自己再好好想想啊。"

考试后讲评试卷，我重点讲了这道题目，假设妈妈今年 36 岁，小华 9 岁，她们的比值是 4 吗？那我们往前推一年，妈妈 35 岁，小华 8 岁这个 4 倍关系还存在吗？往后推一年呢？你们明白思遥那天说的正比例是永远的事儿是怎么回事了吗？当然妈妈与小华的年龄即使再不断变化，她们也存在不变量，只不过这个不变量不是倍数而是年龄差。学生听得很认真，希望他们能真的理解和接受这个事实。

其实归根结底，学生虽然学习了正比例、反比例的知识，但是从常量走向变量这个过程是万分艰难的，可能还需要走很长的一段路。

六、变量的认识

在综述部分我们就曾提到过，对变量的认识是非常艰难的，因为无论是用表格、图象、关系式还是语言，最后都变成了静止，怎样让学生体验变量的存在呢？我想这可能需要与科学学科紧密结合，引导学生做实验，在实验中收集数据，亲身感受变量。这个需要我们作出更多的努力才行。

另外，按比例解应用题在北师大教材中是被删减掉的内容，但是我们觉得这个内容还是很重要的。因为同样的一个题目，过去我们都是从算术思维的角度引导学生解答问题，现在则应该应用初步的代数思维解决。简单地说当我们学习完了正比例、反比例之后，再看应用题中的量，是否可以从变化的角度来思考呢？其实我们常做的归一问题中的数量不就是变化的量中两组相对应的数吗：一组已知，另外一组有一个数是未知的。

我们热爱思考，尤其热爱反思，反思让我们走得更远，看到的事物也就更美。

【参考文献】

1. 中华人民共和国教育部. 全日制义务教育数学课程标[M]. 北京：北京师范大学出版社，2010.

2. 义务教育数学课程标准（2011 年版）解读[M]. 北京：北京师范大学出版社，2012：83—147.

3. 郑毓信. 国际视角下的小学数学教育[M]. 北京：人民教育出版社，2004：76—77.

4. 张丹. 小学数学教学策略[M]. 北京：北京师范大学出版社，2010：

128—148.

5. 弗赖登塔尔．作为教育任务的数学［M］．上海：上海教育出版社，1995：265.

6. 史宁中．数学思想概论——数量与数量关系的抽象［M］．长春：东北师范大学出版社，2008.

7. 张奠宙，孔凡哲，黄建弘等．小学数学研究［M］．北京：高等教育出版社，2009.

8. J. L. MARTIN．教与学的新方法．数学［M］．北京：北京师范大学出版社，2004.

9. 顾泠沅，邵光华．作为教育任务的数学思想与方法［M］．上海：上海教育出版社，2009.

结束语

在校本研修项目推进过程中，教育学院指导团队新颖的管理思路和务实的做事风格给我们留下了深刻的印象，同时也潜移默化地影响并改变着我们。

学校"自发展"扎根于每位教师的"自发展"之中。把舞台给教师，激发他们的潜能，是项目指导团队秉持的理念。校本研修的培训项目，让我们真切地感受到学校的"自发展"得力于骨干教师的成长，更扎根于每一位教师的专业"自发展"之中。成长靠磨炼，体验是财富。在校本研修中，仅仅关注"拔尖"的教师是不够的，我们更要思考如何"补底"的问题。

组长很关键："组长的能力有多强，这个组就能走多远"。校本研修让我们深切地体会到教研组长的重要性。组长们不仅仅是上传下达诸多行政事务的"传声筒"，更应该是教学研究的专业领导者。我们要努力把教研组长培养成校长的"教学专业替身"。

干部的默默付出"润滑"项目的顺畅运转。教学干部是校本研修的协调者、疏解者、润滑者、推进者。经历了校本研修的过程，我们知道了心中要有人——尊重每一位教师，为了教师的发展；知道了心中要有事——明晰做事的方法，学会筹划；知道了做事要有心——态度决定一切，用心做事，收获颇丰。

聚焦"自发展"，展望未来的路，我们还缺什么呢？

以"真合作"为基础的教研组文化建设。根据项目组的要求，我们严格执行了角色明晰的任务分工。这样的分工，照顾了教师的特点与专长，也保障了全体教师的集体参与。在研修中，教师在各司其职的同时，积极交流互助，体现出强大的团队智慧。但是，如何保持并提升教师之间合作的品质，形成良好的教研组文化，仍需我们进一步的思考与努力。

"真研究"激发教师的专业自觉与专业幸福。研究"真问题"，"真的"做研究，真的很辛苦。那么，如何促进教师更加自觉地追求自己的专业成长，追求作为教师的专业幸福呢？这仅仅是一个非常好的开端。但正如证严大法师所言："只要找到路，就不怕路远！"

后　记

　　我校教学研修成果系列丛书《校本研修与整校推进的实践与探索 小学语文》《校本研修与整校推进的实践与探索 小学数学》《校本研修与整校推进的实践与探索 小学英语》的完成，凝聚了北京市海淀区教育委员会、北京市海淀区教师进修学校多位学科专家、特级教师、教研员的心血，尤其要感谢北京教育学院钟祖荣副院长带领的研究团队给予我们的智慧引领及专业支持。研修的过程中，我们力求在最大程度上落实义务教育课程标准的相关理念，深入开展教育理论研究和实践探索，以求提高学生的综合素质，促进教师专业能力的提升。

　　在整个研修及编写过程中，北京教育学院初等教育学院刘加霞院长，作为北京市中小学"校本研修与整校推进"培训项目负责人，带领语文团队：陈晓波（语文项目负责人）、吕俐敏、王蔚、陈莉、卢杨；数学团队：刘琳娜（数学项目负责人）、刘晓婷、刘月艳，以及全国著名英语特级教师刘莹，对我校的校本研修进行了全程深度指导，并承担了指导我们编写、修改稿件的任务。

　　经历研修的全过程，我们收获了专业的知识，更收获了科学的研究方法。知识为日后教学积淀了经验，方法为日后研究提供了不竭的动力，极大地推进了学校、教师的自发展力，使我校校本研修走向了专业化。在此，衷心感谢各位领导、专家给予的引领与支持。

　　由于研究水平和实践条件的限制，本书仍存在诸多有待进一步研究的问题。真诚欢迎各位领导、专家、教师朋友在参阅过程中不吝赐教，提出宝贵意见与建议。我们将虚心学习，在今后的工作中加以改进，使其更加完善。

北京石油学院附属小学编者